xin dazhong zhexue

新大众哲学·4·认识论篇

认识世界的目的
在于改造世界

王伟光　主编

人民出版社

中国社会科学出版社

责任编辑：任　哲　仲　欣
封面设计：石笑梦
版式设计：汪　莹

图书在版编目（CIP）数据

认识世界的目的在于改造世界／王伟光　主编 .
　－北京：人民出版社：中国社会科学出版社，2014.9（2021.11 重印）
（新大众哲学）

ISBN 978－7－01－013843－5

I.①认…　II.①王…　III.①马克思主义哲学－认识论　IV.① B023

中国版本图书馆 CIP 数据核字（2014）第 191611 号

认识世界的目的在于改造世界
RENSHI SHIJIE DE MUDI ZAIYU GAIZAO SHIJIE

王伟光　主编

人民出版社
中国社会科学出版社 出版发行

北京汇林印务有限公司印刷　新华书店经销

2014 年 9 月第 1 版　2021 年 11 月北京第 8 次印刷
开本：880 毫米 × 1230 毫米 1/32　印张：7.5
字数：130 千字

ISBN 978－7－01－013843－5　定价：18.00 元

邮购地址 100706　北京市东城区隆福寺街 99 号
人民东方图书销售中心　电话（010）65250042　65289539

新大众哲学

目 录

新大众哲学

前言

20世纪30年代，著名马克思主义哲学家艾思奇（1910—1966年）写过一部脍炙人口的《大众哲学》（最初书名为《哲学讲话》）。该书紧扣时代脉搏，密切联系中国实际，将马克思主义哲学的基本道理以生动活泼的形式，深入浅出的笔法，贴近大众的语言，通俗而生动地表达出来了。《大众哲学》像一盏明灯，启蒙了成千上万的人们走上中国共产党领导的革命道路。

光阴如梭，《大众哲学》问世迄今已逾八十年。八十年在人类历史上只是短暂的一瞬，但生活在这个时代的人们却经历着沧桑巨变！人们能够真切地感受到，科学技术发展一日千里，全球化、信息化浪潮汹涌澎湃，工人阶级和社会主义运动势不可当，当代资本主义内在矛盾激化演变，中国特色社会主义实践日新月异，人们的生活"每天都是新的"。历史时代和社会实践的显著变化，呼唤新的哲学思考。以当年"大众哲学"的方式对现实作出世界观方法论的解答，写出适应时代的"新大众哲学"，既是艾思奇生前未竟的夙愿，更是实践的新需要、人民的新期待、党和国家的新要求。

今天编写《新大众哲学》，要力图准确判断和反映时代的新变化，进行新的哲学的分析。纵观人类历史发展的总体进程，我们的时代是资本主义逐步走向灭亡、社会主义逐步走向胜利的历史时代。尽管马克思主义经典作家早就敲响了资本主义的丧钟，但旧制度的寿终正寝却是一个漫长的历史过程。试看当今世界，通过工人阶级和劳动大众的持续抗争，资本主义不再那么明火执仗、赤裸裸地掠夺，而是进行生产关系与上层建筑体制的局部调整，运用"巧实力"或金融手段实施统治。资本主义不仅没有马上"死亡"，反而表现出一定的活力，然而其不可克服的内在矛盾导致的衰退趋势却是不可逆转的；苏东剧变之后，尽管国际共产主义运动陷入低潮，但社会主义中国则以改革开放为主旋律蓬勃兴起，中国特色社会主义的成功开拓，推动共产主义运动始出低谷。资本主义与社会主义的竞争、较量、博弈正以一种新的形式全面展开。时代的阶段主题由"战争与革命"转向"和平与发展"，但马克思主义经典作家所揭示的整个时代的基本矛盾并没有改变，人类历史的新的社会形态终将代替旧的社会形态的历史总趋势并没有改变，引领时代潮流的时代精神——马克思主义世界观方法论并没有过时。马克思主义哲学是社会实践的理性概括。作为科学社会主义理论基础的马克思主义哲学，需要重新审视资本主义和社会主义及其关系，给大众提供认识社会历史进程和人类前途命运的新视野。《新大众哲学》要准确把握时代变化的实质，引领大众进行新的哲学认知。

编写《新大众哲学》，要力图科学思考和回答科技创新和生产力发展的新问题，赋予新的哲学的概括。科学技术已经成为"第一生产力"，全面、深刻地塑造着整个世界。全球化、信息化、市场化，高新科技的发展和应用，令世界的面貌日新月异。现代资本主义几十年所创造的生产力，远远超过了资本主义几百年、甚至人类社会成千上万年生产力的总和。社会主义中国在与资本主义的竞争中，正在实现赶超式发展。尽管马克思曾经提出"科学技术是生产力""世界历史理论"等一系列重要思想，但当今的科技创新和生产力发展，包括全球化、信息化、市场化对经济、政治、文化、社会的全方位渗透影响，仍然提出大量有待回答的哲学之问。马克思主义哲学是人类社会生产实践和科学研究实践的思想结晶，需要对社会生产实践和科学发展实践提出的问题给予哲学的新解答。《新大众哲学》要科学总结高新技术和生产力发展提出的新问题，提供从总体上把握问题、解决问题的哲学智慧，进行新的哲学解读。

编写《新大众哲学》，要力图深刻总结中国特色社会主义伟大实践中涌现出的新经验，作出新的哲学的概括。中国特色社会主义是当代中国共产党人从事的一项"全新的事业"。改革已经引起了中国社会的深刻变革、社会结构的深刻变动、利益关系和思想观念的深刻变化，一方面推进了经济社会的飞跃发展，另一方面又带来了新的社会矛盾。马克思主义哲学理应正视人民大众利益需求的重大变化，探索满足人民日益增长的物质和文化需要的有效途径，研究妥善处理复杂的利益矛盾、建设富强民主文明和谐的社会主义现代化国家的正确道路。《新大众哲学》在回答重大现实问题的过程中，要对中国道路、中国模式、中国奇迹、中国特色社会主义新鲜经验予以世界观方法论层面的哲学阐释。

编写《新大众哲学》，还要力图回应当代国内外流行的各种哲学社会思潮，给予新的哲学的评判。哲学的发展离不开现成的思想成果，马克思主义哲学是在批判地继承人类一切优秀成果的基础上发展起来的，是在批判非马克思主义、反马克思主义思潮的思想交锋中发展起来的。人们在错综复杂的社会思潮冲击下，常常感到迷惘、困惑，辨不清是非，找不到理想的追求和前行的方向。在这场"思想的盛宴"中，如何"尊重差异，包容多样"，让一切有益于中国特色社会主义建设的思想文化充分涌流；同时，批判错误的哲学思潮，弘扬正确的哲学观，凝聚社会共识，让主流意识形态占领阵地，是马克思主义哲学不容回避的历史任务。《新大众哲学》要在批判一切错误思想、吸取先进思想文明的基础上，担当起升华、创新马克思主义哲学的历史使命。

时代和时代性问题的变化，现实实践斗争的发展，既为马克思主义哲学提供了新的源泉，又不断地对其本身的发展提出急迫的需求。对于急剧变化和诸多问题，马克思主义哲学经典作家没有亲身面对过，更没有专门深入阐述过。任何思想家都不可能超越他们生活的时代，宣布超时代的结论。列宁说："我们并不苛求马克思或马克思主义者知道走向社会主义的道路上的一切具体情况。这是痴想。我们只知道这条道路的方向，我们只知道引导走这条道路的是什么样的阶级力量；至于在实践中具体如何走，那只能在千百万人开始行动以后由千百万人的经验来表明。"[1]但历史并不会因为理论的发展、理论的待建而停下自己的脚步。现实对马克思主义哲学创新充满期待，人们期待得到马克思主义创新的哲学观念的指导。

《新大众哲学》正是基于高度的使命感和理论自觉，努力高扬党的思想路线的旗帜，坚持解放思想、实事求是、与时俱进、求真务实，顺应时代潮流，深入思考和回答时代挑战与大众困惑。《新大众哲学》既不是哲学教科书，刻意追求体系的严密，也不是哲学专著，执着追求逻辑论证与理性推理；而是针对重大现实，以问题为中心，密切关注时代变化和形势发展，注重吸收人类思想新成果，进行哲学提升、理念创新，不拘泥于哲学体系的框架，以讲清哲学真理为准绳。在表达方式上，《新大众哲学》避免纯粹的抽象思辨和教科书式的照本宣科，以通俗化的群众语言来阐述，力求通俗易懂、生动活泼，贴近广大读者的新要求，让马克思主义哲学"讲中国老百姓的话"。

《新大众哲学》立足马克思主义哲学的本真精神，从总论、唯物论、辩证法、认识论、历史观、价值观、人生观七个方面围绕时代问题展开哲学诠释，力求将重大理论与现实问题提升到马克思主义哲学世界观方法论的高度加以分析与阐明，在回答重大理论与现实问题的进程中，力争推进马克思主义哲学的时代化、中国化和大众化。这是历史赋予马克思主义哲学义不容辞的责任，也是《新大众哲学》应当担当的历史重任和奋力实现的目标。或许，在这个信息爆炸、大众兴趣多样化的时代，这套丛书并不能解决大众所有的疑问和困惑，但《新大众哲学》愿与真诚的读者诸君一起求索，一道前行。

　　以上所述只是《新大众哲学》追求的写作目的，然而，由于《新大众哲学》作者们的水平能力有限，可能难以达到预期。再者，《新大众哲学》分七部分，且独立成篇，必要的重复在所难免。同时，作者们的文字功底不够扎实，文字上亦有不尽完善的地方。故恳请读者们指教，供《新大众哲学》再版时修订。

注　释

　　1　《列宁专题文集　论社会主义》，人民出版社2009年版，第399页。

从实践到认识，又从认识到实践

——认识论总论

人类的认识过程是在实践的基础上从感性认识到理性认识，又从理性认识到革命实践的能动的辩证发展过程，是实践、认识、再实践、再认识的一个循环往复、不断深化上升的过程。

马克思主义认识论是以实践为基础的唯物主义反映论，又是革命的、能动的反映论，反对不可知论，坚持科学的可知论。马克思主义认识论把实践观点引入认识论，把实践作为认识的基础，把辩证法应用于认识论，科学地揭示了认识的辩证发展过程，排除了旧唯物主义在认识论上的直观性，既坚持了唯物论，又坚持了辩证法，实现了认识论与唯物论、辩证法的统一，实现了认识论的伟大变革。马克思主义认识论为人们指出了通往真理、认识世界、改造世界的科学路径，是中国共产党思想路线的哲学依据。

一、实践是认识论首要的基本观点
——纸上谈兵，亡身祸国

战国时期，赵国大将赵奢（生卒年不详）曾以少胜多，大败入侵的秦军，被赵惠文王（前308—前266年）提拔为上卿。他有一个儿子叫赵括（？—前260年），从小熟读兵书，张口爱谈军事，别人往往说不过他。赵括很骄傲，自以为天下无敌。赵奢并不看好赵括，反而很替他担忧。赵括的母亲询问原因，赵奢说："用兵打仗是危险的，战争是关乎生死存亡的大事，赵括只是纸上谈兵，并把它说得很容易。将来赵国不用他为将则已，若用他为将，他一定会使赵军遭受失败。"

赵奢死后，公元前260年，赵孝成王（？—前245年）任命赵括为将，代替廉颇（生卒年不详），与秦国作战。赵括自认为很会打仗，死搬兵书上的条文。他下了一道命令："秦国来挑战，必须迎头打回去；敌人打败了，就得追下去，非杀得他们片甲不留不算完。"秦国大将白起（？—前257年）则布置埋伏，故意打了几阵败仗，把赵括的军队引了出来，切断了他们的后路。赵军被困四十多天，内无粮草，外无救兵。赵括亲自带领精兵搏战，被秦军乱箭射死。白起叫人挑着赵括的脑袋，命令赵军投降。赵军已经饿得没有力气了，一听说主将被杀，全都扔下武器投降，40万赵兵被秦国全部活埋。

赵括虽然熟读兵书，但没有亲身实践的经验。他刚愎自用，对于战争的理解只是书本上的，照搬照抄兵书上的条条，不能因时制宜、因地制宜，不听正确的意见，不尊重前人的经验，到头来只能招致失败，落得个亡身祸国的悲惨下场。

明朝刘如孙（1313—1400 年）根据赵括的故事，写了一首题为《湘南杂咏》的诗："遣使频年赴帝京，名为计事岂真情。鄂垣仅有湘南地，朝野犹夸纸上兵。诸镇一如唐末岁，孤忠谁是李长城？山河依旧天如水，愁听寒鸦日暮声。"后来，人们从"朝野犹夸纸上兵"的诗句中，引申出了"纸上谈兵"这个成语，用来批评轻视实践、空谈理论、脱离实际、照搬照抄的恶劣学风。

纸上谈兵的成语故事告诉人们，要获得真知，干成实事，就必须重视实践、联系实际。荀子（前 313—前 238 年）说："不闻不若闻之，闻之不若见之，见之不若知之，知之不若行之。学至于行之而止矣。"[1] 南宋词人陆游（1125—1210 年）也以重视躬行践履来教育自己的孩子："古人学问无遗力，少壮工夫老始成。纸上得来终觉浅，绝知此事要躬行。"[2]

实践的观点是马克思主义认识论的首要观点。

马克思主义哲学十分重视实践的作用。马克思、恩格斯自认是"实践的唯物主义"者。列宁认为："生活、实践的观点，应该是认识论的首要的和基本的观点。"[3] 马克思主义以前的唯物主义反映论反对唯心主义认识论，是应当肯定的。但它的根本缺陷是离开人的社会性、离开人的历史、离开人的实践去说明人的认识问题，不理解实践在认识中的作用，不能把辩证法应用在认识论上，把认识看作对客观实在的直观的、被动的、消极的反映，最终自然掉到唯心主义认识论的泥坑中。

马克思主义哲学第一次自觉地把实践作为自己哲学的基础，实现了哲学的伟大革命。在被恩格斯称作"包含着新世界观的天才萌芽的第一个文献"[4]的《关于费尔巴哈的提纲》中，马克思涉及了实践在认识中的根本作用问题，强调了哲学认识改造世界的功能，奠定了马克思主义认识论的基石。

针对教条主义者轻视实践，不了解中国实际，不尊重中国实践及其经验，不重视调查研究，生搬硬套马克思主义的词句和外国革命的经验，给中国革命造成严重危害的现实，毛泽东特别强调实践第一的观点，把他的认识论著作称为《实践论》。从认识的来源、认识发展的动力、检验真理的标准和认识的目的四个方面说明了实践对于认识的决定作用，并以实践为基础，第一次对认识的辩证发展过程作了全面的论述，深刻揭示了实践在认识过程中的基础地位和决定作用。

实践需要理论，实践孕育理论，不断发展的实践推进理论的不断创新。

马克思主义发展到今天，始终保持旺盛的生命力，不仅因为马克思主义解释的是反映自然和社会发展普遍规律的真理，更因为一代又一代的马克思主义者根据新的实践既坚持马克思主义，又发展马克思主义。列宁回答了帝国主义阶段的时代问题，并结合俄国国情和革命实践，创立了列宁主义；毛泽东同志把马克思列宁主义同中国具体国情和现实实践相结合，创立了毛泽东思想；以邓小平、江泽民、胡锦涛、习近平为代表的中国共产党人把马克思列宁主义、毛泽东思想与中国改革开放新的实践永续结合，创立并丰富、发展了中国特色社会主义理论体系。

随着实践的推进，中国共产党人对中国特色社会主义理论体系的认识也愈益深入。党的十三大报告第一次提出了建设有中国特色的社会主义理论的新概念，指出党的十一届三中全会以来，我们党在对社会主义再认识的过程中，构成了建设有中国特色的社会主义理论体系的基本轮廓。党的十四大报告明确提出邓小平建设有中国特色社会主义理论，强调邓小平对建设有中国特色社会主义理论的创立作出了历史性的重大贡献。党的十五大报告指出，马克思列宁主义同中国实际相结合有两次历史性飞跃，产生了两大理论成果。第一次飞跃的理论成果是在实践中产生并被实践证实了的关于中国革命的正确的理论原则和经验总结，即毛泽东思想。第二次飞跃的理论成果是中国特色社会主义理论体系，是在新的实践中产生并被新的实践所证实了的关于改革开放历史新时期的正确认识和经验概括。中国特色社会主义理论体系是马克思主义中国化的最新成果，是当代中国的马克思主义，是马克思列宁主义、毛泽东思想在中国发展的新阶段。中国特色社会主义理论体系是党最可宝贵的政治和精神财富，是全国各族人民团结奋斗的思想基础，一定要在实践中坚持和发展这个理论体系。

中国特色社会主义理论体系的"创新"源于实践的"创新"，它适应了实践的新需要，回答了实践的新问题，从而深化了对"三大规律"，即社会主义建设规律、执政党执政规律、人类社会发展规律的认识，开拓了马克思主义新境界。

中国特色社会主义理论体系集中回答中国特色社会主义这个新的实践主题。在改革开放的实践过程中，党围绕中国特色社会主义这个总课题，面临着四大实践问题：什么是社会主义、怎样建设社会主义；建设一个什么样的党、怎样建设党；实现什么样的发展、怎样发展；在新的历史起点上，怎样坚持和发展中国特色社会主义。这四个重大实践问题始终是党必须要不断加以回答的，党在回答这些问题过程中，进一步回答了"什么是马克思主义，怎样坚持和发展马克思主义"，持续推动了马克思主义中国化、时代化和大众化，实现了中国特色社会主义理论体系的不断创新。

改革开放的新实践是中国特色社会主义理论体系产生、丰富和发展的真正动力和源泉。

——实践提出的第一个问题，什么是社会主义，怎样建设社会主义。对于中国共产党来说，这个问题实质上可以分为两个阶段性的问题。首先要回答的问题是，"在落后的中国，社会的性质和革命的任务是什么，怎样进行革命"。毛泽东认为中国是半殖民地半封建社会，在这样的国家，无产阶级政党领导人民进行社会主义革命，必须分两步走：第一步，先进行无产阶级领导的新民主主义革命，选择农村包围城市，武装夺取政权的道路；第二步，在取得新民主主义革命胜利后，不间断地进行社会主义革命，中国革命的前途是社会主义，建立社会主义制度，为向共产主义过渡创造条件。

对于夺取了全国政权，建立了社会主义制度的执政党来说，面临的第二个阶段性问题是，"在落后的中国，建设什么样的社会主义，怎样建设社会主义"。毛泽东领导中国共产党人进行了艰苦的探索，取得了成功的经验，但也遇到了巨大的挫折。邓小平关于社会主义本质的论述把生产力放在极其重要的地位，他认为不发展生产力的社会主义、贫穷的社会主义不是社会主义，发展太慢也不是社会主义，计划经济还不是社会主义。他说，什么是社会主义，怎么建设社会主义，这个问题一定要搞清楚。什么是社会主义，社会主义的本质是什么？是解放和发展生产力，反对两极分化，实现共同富裕。

怎样建设社会主义？邓小平指出，一切从实际出发，走中国人自己的道路，建设中国特色社会主义。什么是中国的实际？中国是处于初级阶段的社会主义，这是中国最大的实际。从中国实际出发，就要从中国社会主义初级阶段的实际出发，根据本国的生产力发展状况进行社会主义建设；不能照抄照搬别国的经验和模式，要走适合中国国情的独特的道路，从而创造性地回答了"什么是社会主义，怎样建设社会主义"的历史性课题。以江泽民为核心的第三代党的领导集体，以胡锦涛为总书记的中央委员会，以习近平为总书记的新一届中央委员会，在实践中不断深化关于这个问题的认识。

——实践提出的第二个问题，建设一个什么样的党，怎样建设党。在半殖民地半封建的旧中国，毛泽东回答了"在落后的中国，在农民、小资产阶级占多数的国家里，建设一

10

个什么样的无产阶级政党，怎样建设党"的问题，提出了从思想上建党的重要思想。

在回答"什么是社会主义，怎样建设社会主义"的过程中，邓小平提出关于执政党建设的问题，要求回答"执政党是一个什么样的党"这个重大问题，提出了新时期的党建思想。

以江泽民为核心的党的第三代中央领导集体提出了"三个代表"重要思想，创造性地回答了"进入新世纪，建设一个什么样的党，怎样建设党"的问题，丰富和发展了马克思主义、毛泽东思想、邓小平理论的党建思想。

以胡锦涛为总书记的党中央按照"三个代表"重要思想的要求，扎扎实实地、兢兢业业地抓执政党的建设，突出抓了党的执政能力建设和先进性建设，取得了很大的进展，丰富了执政党建设思想。

党的十八大以来，以习近平为总书记的新一届中央委员会提出了一系列加强党的建设的重要思想和重大举措，狠抓党的思想、组织、作风、反腐倡廉和制度"五大"建设，发展和丰富了执政党建设思想。习近平认为，治国必先治党，治党务必从严，这是必须自始至终抓住不放松的解决中国一切问题的关键问题。围绕党要管党、从严治党，围绕坚持党的群众路线、密切联系群众，习近平作了系统的阐述，深刻回答了党的建设的重大理论和现实问题，更加明确了加强党的建设的关键和重点，为推进党的建设新的伟大工程指明了方向，为把我们党建设成为中国特色社会主义事业的坚强领导核心明确了任务和要求。

——实践提出的第三个问题，实现什么样的发展，怎样发展。以胡锦涛为总书记的中央委员会，在总结国际国内发展经验的基础上，提出了"科学发展观"，提出"科学发展、和谐发展、和平发展"的发展新理念。科学发展观是马克思主义关于发展问题的世界观、方法论的集中体现，是在继承马克思主义和我们党关于发展问题的思想基础上形成的，把马克思主义发展理论推向一个新的高度。科学发展观针对我国在新世纪新阶段发展的新问题、新要求和新任务，提出了以人为本、全面协调、可持续的发展观。科学发展观，第一要务是发展，核心是以人为本，基本要求是全面协调可持续，根本方法是统筹兼顾。科学发展观是解决中国当代发展所必须遵循的指导思想。

牢牢把握发展这一硬道理不放，大力推动科学发展，是党的十八大以来习近平总书记系列重要讲话的核心要义。习近平总书记指出：发展是解决中国一切问题的金钥匙，是解决我国所有问题的关键，以经济建设为中心任何时候都不能偏离；发展就要坚持以科学发展为主题，坚持稳中求进的工作总基调，扎实推动我国经济持续健康发展。他强调，推动发展要尊重经济规律，坚持有质量、有效益、可持续，在不断转变经济发展方式、优化经济结构中实现增长，切实把发展的立足点转到提高质量和效益上来，再也不能简单地以国内生产总值增长率论英雄。他认为，我国经济正处于增长速度换挡期、结构调整阵痛期叠加的阶段，要坚持统筹稳增长、调结构、促改革，坚持宏观政策要稳、微观政策要活、社会政策要托底；要发挥好"两只手"的作用，既要发挥市场作用，通过市场机制增强经济增长的内生活力，更要发挥宏观调控作用，善于运用政府手段实施宏观经济政策，防止增速滑出底线；要推进创新驱动发展，全方位推进科技创新、企业创新、产品创新、市场创新、品牌创新；要加大统筹城乡发展、统筹区域发展力度，加快工业化、信息化、城镇化、农业现代化，提高城镇化质量，推动城乡发展一体化；保障和改善民生没有终点站，只有连续不断的新起点，要按照守住底线、突出重点、完善制度、引导舆论的思路，做好保障和改善民生工作，加强社会管理创新和制度建设，深入细致做好群众工作，打牢社会和谐的基础。他还特别指出，建设生态文明是关系人民福祉、关系民族未来的大计；要把生态文明建设融入经济、政治、文化、社会建设各方面和全过程，正确处理好经济发展同生态环境保护的关系，更加自觉地推动绿色发展、循环发展、低碳发展，决不以牺牲环境为代价去换取一时的经济增长，努力建设美丽中国。

　　——十八大以来新的实践提出的第四个问题，在新的历史起点上，怎样坚持和发展中国特色社会主义。坚持和发展中国特色社会主义，是改革开放以来我们党全部理论和实践的鲜明主题。习近平运用马克思主义立场观点方法，对中国特色社会主义的重大理论和现实问题给予明确回答，作出深刻论述，提出并形成了一系列富有创建的新思想、新观点、新论断、新要求、新举措，是对党的十八大精神的深入阐发，是对中国特色社会主义理论体系的丰富、发展和创新。他关于中国特色社会主义是社会主义，不是别的什么主义；只有社会主义才能救中国，只有中国特色社会主义才能发展中国；中国特色社会主义是社会主义，不论怎么改革、怎么开放，都始终要坚持中国特色社会主义道路、理论体系和制度；在新的历史条件下体现科学社会主义基本原则的内容不能丢，丢了这些，就不成其为社会主义；不能用改革开放后的历史时期否定改革开放前的历史时期，也不能用改革开放前的历史时期否定改革开放后的历史时期，本质上都是我们党领导人民进行社会主义建设的实践探索；资本主义必然灭亡、社会主义必然胜利，马克思、恩格斯关于资本主义社会基本矛盾的分析没有过时，要始终坚持马克思列宁主义、毛泽东思想和中国特色社会主义理论体系；改革开放是决定当代中国命运的关键一招，也是决定实现"两个一百年"奋斗目标、实现中华民族伟大复兴的关键一招，要坚定不移地推进改革开放；我们的改革是有方向、有立场、有原则的，是中国特色社会主义道路上不断前进的改革，即坚持社会主义市场经济方向的改革；问题的实质是改什么、不改什么，有些不能改的，再过多长时间也不能改，既不走封闭僵化的老路，也不走改旗易帜的邪路；密切党群、干群关系，保持同人民群众的血肉联系，始终是我们党立于不败之地的根基；如果我们脱离群众，失去人民的拥护和支持，最终也会走向失败，以及对苏联垮台根本原因的判断等一系列重要论断，在错综复杂的国际国内环境下，为我们指明了方向，明确了目标，树立了必胜的信心和决心。

——**不断发展的实践推动中国共产党人自始至终抓住并不断予以回答的总问题，什么是马克思主义，怎样坚持和发展马克思主义。**毛泽东在领导中国革命的过程中，创造性地把马克思主义与中国革命实际相结合，创立了马克思主义中国化的第一个理论成果——毛泽东思想，回答了"什么是马克思主义，怎样坚持和发展马克思主义"的问题。

邓小平、江泽民、胡锦涛、习近平正是在回答中国特色社会主义主题的过程中，创造性发展了马克思列宁主义、毛泽东思想，形成并不断丰富和发展了马克思主义中国化的第二个理论成果——中国特色社会主义理论体系，在新的历史时期，创造性地回答了"什么是马克思主义，怎样坚持和发展马克思主义"。

中国共产党人理论上的不懈创造充分证明了实践在认识中的地位和作用。

什么是实践？实践是人们有目的地改造世界的物质活动。

实践是客观的物质活动，是人作为物质力量、运用物质手段、作用于物质对象并产生物质性的结果的活动。实践是人的有意识的自觉能动的社会活动。人的实践活动不像动物那样被动地适应自然界，而是一种自觉的有目的的活动。实践是社会性活动。人们只有结成一定的社会关系，才能在自然界面前确立自己的主体地位，形成社会性的物质力量，进行改造自然的生产活动。实践是历史性活动。实践活动既受历史条件制约，又是一个历史发展过程。

实践是多种多样的。实践可以划分为三种基本类型：物质生产实践、社会政治实践以及科学文化实践。

人类的生产活动是最基本的实践活动，决定其他一切人类活动。人的社会实践不限于生产活动一种形式，还有多种其他形式，如阶级斗争、政治生活、科学和艺术活动。社会实践过程表现为物质生产过程、阶级斗争过程以及科学实验过程。物质生产是人类历史的第一个实践活动。物质生产实践要解决的是人与自然的矛盾，生产物质生产资料和生活资料，是最基本的首要的实践活动。没有物质生产实践，人就不能生存，国家和民族就要灭亡。社会政治实践是人类在政治上层建筑领域从事各种交往的实践活动，只有经过这种实践，才能建立和完善各种社会政治关系，从事社会政治交往，协调人们的各种利益，社会才能正常运转，物质生产才能不断地进行。在阶级社会里，阶级斗争是最主要的社会政治实践活动。科学文化实践是人们从事科学研究、科学创造和生产精神文化产品的实践活动。人们通过这种实践，探索世界的奥妙，发现世界的规律，发展自然科学、哲学社会科学、思维科学，创造各种科学技术和精神文化产品，为经济社会发展与自身的发展提供科技支撑、理论指南、思想基础、价值取向、道德规范和文化氛围。科学文化实践也包括哲学社会科学的社会调查与科学研究实践。

马克思主义以前的唯物论即旧唯物论，不了解实践的社会性、历史性、能动性，不了解实践在人类与人类社会产生、生存、发展过程中的作用。他们所说的人也只能是自然的、生物学意义上的、抽象的人，而不是处于一定社会关系之中、从事物质生产实践和其他实践的人；他们所说的历史，是由不变的人与不变的人性构成的历史，而不是以物质生产实践为基础的人类实践的历史；他们所说的认识，是人脑对于外部世界的机械、被动、直观的反映，而不是以实践为基础的能动的、辩证的发展过程。由于他们离开人的社会性、离开人的历史发展去观察认识问题，因此不能了解认识对社会实践的依赖关系。

马克思主义创立了科学的实践观，不仅正确地解释了人与社会的生成与发展，而且对于人的认识也作出了科学的说明，创立了辩证唯物主义认识论。

——**实践是认识产生的源泉**。毛泽东说过，"你要有知识，你就得参加变革现实的实践。你要知道梨子的滋味，你就得变革梨子，亲口吃一吃"[5]。人们通过物质生产实践、社会政治实践以及科学文化实践等活动，逐渐了解自然规律和社会规律，认识人和自然的关系以及人和人的关系。若离开实践，人的认识就成了无源之水、无本之木。就人类认识的总体而言，认识来源于实践，一切真知都是从直接经验发源的。但由于人生有涯，宇宙无疆，由于知识可以传承，因而人不可能也没有必要事事都要直接经验，需要大量吸收间接经验，从书本上、从他人的经验中学习。但吸收间接经验是以直接经验为基础和前提的。而对于自己是间接经验的东西，对最初取得这些经验的人来说，仍然是直接经验。

——实践是认识发展的动力。社会实践不断向人们提出新的问题和新的要求，推动人们去探求新知。人的实践是自觉能动的活动，是以对于客观世界运动发展规律的认识为指导的。为了正确实践并取得预期的结果，必须认识客观实际，认识事物运动发展的规律。社会实践也为人们积累了日益丰富的经验材料，创造出了新的认识手段和认识工具。社会实践纵向的推进和横向的拓展，使人们能够用宏大深远的时空视野来观察社会历史，发现社会发展的客观规律和必然趋势。社会实践是一步又一步地由低级向高级发展的，人的认识也是一步又一步地由低级向高级发展的，即由浅入深，由片面到更多的方面，由必然王国而不间断地走向自由王国。

——实践是认识的目的。认识的基础是实践，又反过来为实践服务。如果说认识的根本任务是认识本质、把握规律；那么，认识的最终目的则是指导实践，改造世界，实现人的生存和发展。马克思主义看重理论，理论的重要性正是，也仅仅是，因为它能够指导行动。但如果有了正确的理论，只是把它空谈一阵，束之高阁，并不实行，那么，这种理论再好也是没有任何意义的。

——实践是检验真理的唯一标准。人类历来崇尚真理，但对于什么是真理，如何检验真理，却一直莫衷一是，以致有人认为书本是检验真理的标准，有人认为圣人、伟人的话是检验真理的标准……无奈之下，人们要么把裁决权交给书本，认为书本的话就是真理；要么把裁决权交给多数，认为大家认同的就是真理；要么把裁决权交给杰出的少数，认为他们说的或认同的就是真理。但是人们最终发现，无论书本的话，还是简单的多数，还是少数人非凡的才能，都不是真理的可靠证明。因为真理的基本特征是主观认识与客观实际相符合，仅仅停留在主观认识的范围内，是无法对是不是真理作出正确判断的。只有联结主观认识与客观实际的实践，才能作为检验真理的标准。

马克思在《关于费尔巴哈的提纲》中指出："人的思维是否具有客观的……真理性，这不是一个理论的问题，而是一个实践的问题。人应该在实践中证明自己思维的真理性，即自己思维的现实性和力量，自己思维的此岸性。关于离开实践的思维的现实性或非现实性的争论，是一个纯粹经院哲学的问题。"[6] 只有人们的社会实践，才是人们对于外界认识的真理性的标准。判定认识或理论是否具有真理性，不是依主观上觉得如何而定，而是依客观上社会实践的结果如何而定。检验真理的标准只能是社会实践。

坚持实践是检验真理的唯一标准，这是马克思主义认识论的基本观点。毛泽东在《实践论》中特别强调实践检验标准的唯一性。所谓唯一性，即只有一个标准。一种理论、一种思想、一个观点、一个办法是否正确，只能由实践来说话、来判断、来裁定。什么谁的指示、谁的讲话、谁的本本，都必须服从实践标准。改革开放之初展开的实践是检验真理的唯一标准的大讨论，是一场空前的马克思主义教育和思想解放运动，把人们从对马克思主义教条化的理解、对错误路线的无条件的服从和执行、对个人的盲目崇拜迷信的思想禁锢中解放出来了，开启了社会主义改革开放的新篇章。在当时的历史关节点上，邓小平敏锐地认为，要"让事实来说话"[7]，"不是靠本本，而是靠实践"[8]。坚定不移地坚持实践是检验真理的唯一标准。

实践之所以是检验真理的唯一标准，是由真理的本性和实践的特性决定的。真理是人们的思想对于客观事物及其规律的正确反映，是主观与客观相符合的认识。判断一种认识是不是真理，在主观的范围内是不能解决的，客观事物本身也不能自动地把自己与人的认识相对照。作为检验真理的标准，既不能到主观领域中去寻找，也不能到纯粹客观的领域中去寻找，只能到能够把主客观联结起来的东西中去寻找。这只能是实践。

列宁认为，实践"不仅具有普遍性的品格，而且还具有直接现实性的品格"[9]。实践具有直接现实性。实践作为在一定思想指导下的感性物质活动，能够将一种理论、路线、方针、政策、计划、方案付诸行动，并产生一个结果，因而能够使人们把主观与客观、思想与实际联系起来加以对照。如果在实践中达到了预期的目的，就证明了人的认识的正确性。如果经过反复实践都不能达到预期的目的，就是对于一种认识的证伪。判断一种理论、一个方案是否正确，要看它在实践中是不是行得通，看能不能取得预期的结果。实践还具有普遍性。个别的、特殊的事物的普遍本质与一般规律能够在实践中逐步显露出来，实践本身也具有共通性和普遍规律性，只要具备了同样的条件，实践就可以随时随地产生合乎规律的运动，并且获得同样的结果，从而证明规律与必然性的存在，证明正确的思想、理论是对客观事物的本质的认识，是与规律相符合。

实践作为检验真理的标准，也是总体性与具体性、绝对性与相对性的统一。

实践标准具有确定性或绝对性，人的认识是否具有真理性，只能由社会实践来检验。只要经过实践检验证明是真理性的认识，就具有不可推翻的性质。即使在一定条件下的具体实践不能证明某一认识是不是真理，人类世代相续的总体性实践最终还是能够作出证明的。人类总体性的实践，是能够证明和证伪人的一切认识的，因而它具有绝对性；实践作为检验认识是否具有真理性的标准具有最高的权威性。一切思想观念、体制做法，都要在实践中证明自己的正确性、合理性、合法性。被实践证明是正确的，就应当肯定和坚持；被实践证明是错误的，就应当否定和抛弃。

实践标准又具有不确定性或相对性。人类实践总是具体的、历史的，都是有其局限性的，只能在一定的范围内，从一定的方面、一定的局部和一定的层次对人类的认识作出检验。在一定历史条件下的实践对认识的检验都不具有最终完成的性质。个别的、具体的实践是成功的，并不意味着总体性的实践是成功的；一种认识、理论在特定历史条件下的实践中被实现、证明了，并不意味着这种认识、理论就是绝对正确的。任何一种认识、一种理论，都要用总体性的、不断发展的实践来证明；任何一种实践，其本身的效果也需要在不断发展的实践中，在人类社会发展的历史中来检验。列宁指出："实践标准实质上决不能完全地证实或驳倒人类的任何表象。这个标准也是这样的'不确定'，以便不让人的知识变成'绝对'，同时它又是这样的确定，以便同唯心主义和不可知论的一切变种进行无情的斗争。"[10]

实践标准是确定性与不确定性的辩证统一。实践标准确定性与不确定性的矛盾是在人类社会实践的历史发展中不断解决的。否认实践标准的确定性，就会导致相对主义、唯

23

心主义和不可知论；否认实践标准的相对性，就会把实践和认识绝对化、凝固化，导致绝对主义、终极真理论和形而上学。

坚持实践是检验真理的唯一标准，要划清与实用主义的原则界限。

实用主义认为，凡是有用的、有效果的、能给人带来利益的东西，就是真理。实用主义哲学家詹姆斯（James，1842—1910 年）主张："你可以说'它是有用的，因为它是真理'，也可以说'它是真理，因为它是有用的'，这两句话的意思是一样的。"[11] 在实用主义者看来，真理是人造出来的，是为了人造出来的，是人造出来供人用的，因为它对人有用处，所以人才给它冠以"真理"的美名。所谓真理，不过是对人有用的工具。这是典型的主观唯心主义的真理观，同马克思主义建立在实践基础上的真理观是截然相反的。

马克思主义认识论是建立在实践基础上的革命的能动的反映论。

20 世纪 80 年代以来，有人对马克思主义反映论提出了质疑，认为反映论是费尔巴哈直观唯物主义的思想，反映的是牛顿经典力学时代人们的认识水平；甚至认为反映论只是列宁在《唯物主义和经验批判主义》中提出的思想，并不代表马克思的本意，马克思主义的认识论本质上应该是"实践的唯物主义"的认识论，强调主体维度的"建构论"（或称"选择论""重建论"）。那么，马克思主义认识论所主张的到底是反映论还是建构论？马克思主义的反映论与旧唯物主义的反映论究竟有什么区别？应该如何科学认识马克思主义的革命的能动的反映论，即马克思主义认识论呢？

在认识论上，始终存在唯物主义和唯心主义的对立。认识论的基本问题，是以如何回答物质与意识何为第一性、谁决定谁这个哲学基本问题为前提的。唯物主义认识论首先是唯物主义反映论，认为认识是人的头脑对外部客观世界的反映。唯心主义认识论则否认认识是对外部客观世界的反映。客观唯心主义认为，在人脑之外存在一个独立的神的世界或理念世界，主观唯心主义断言认识是对主观体验、感觉、心理活动的把握。

一切唯物主义认识论都主张反映论，认为人们的认识是对客观物质世界的反映。在古希腊，许多朴素唯物主义者就持唯物主义反映论观点，如恩培多克勒（Empedocles，约前483—前435年）的"流射说"、德谟克利特（Democritus，前460—前370年）的"影射说"，以及亚里士多德（Aristotle，前384—前322年）的"蜡块说"。近代英国哲学家洛克（Locke，1632—1704年）著名的"白板说"，更是旧唯物主义反映论的典型表现。旧唯物主义者从物质第一性、意识第二性的前提出发，认为认识是主体对客观世界的反映，人的认识来源于客观世界。旧唯物主义反映论是简单的直观的反映论，离开了社会实践去认识人的认识，忽视了主体能动性在认识中的作用，把人的认识简单地、直观地看成主体消极、被动地接受客观外界的反映。

马克思主义认识论与旧唯物主义的直观反映论的根本区别，首先在于把人的认识置于社会实践的基础之上，认为人的认识的过程同时就是改造世界的过程；认为人的认识活动是一个实践、认识，再实践、再认识，由不知到知、由知之不多到知之甚多的由浅入深的辩证发展过程；认为在认识并改造客观世界的过程中，人们能够从已有的认知成果出发，根据以往认识所形成的认知模式，对认识过程中所形成的感性认识和理性认识进行创造性的加工和改造，在主客体的实践交互作用中形成自己的认识。

马克思主义认识论一方面坚持实践第一的观点，坚持了认识是一个反映的过程，认为认识是客观世界在人的头脑中的反映；但另一方面，也强调意识的能动性作用，指出人的认识不是对客观世界的消极、被动的反映，人的意识在认识活动过程中发挥着巨大的反作用，它是人们对外部世界的积极、主动的反映。人的认识不是先验的产物，而是在实践推进下，在反映的基础上进行能动创造的过程，是主体与客体双向作用、相互建构的过程。

随着人类创新性思维的发展，随着认识论研究的深入，西方哲学对认识论提出了许多新的观点，如皮亚杰（Jean Piaget，1896—1980年）的发生认识论。受这些影响，有人提出以建构论代替反映论。所谓建构，是指主体根据已有的认识图式，对来自客观世界的信息材料进行选择、加工、运演、重组等思维活动，从而形成一个完整的认知行为过程。毫无疑问，在马克思主义认识论中，"建构"是认识论中的一个新的范畴。作为认识主体的人，本身就具有能动性特征，当其对客观对象加以认识时，无法离开主体的选择、创造和建构，这是主体创造性功能的充分体现。因为主体的活动总是一种从自身的利益、需要出发的有计划、有目的的活动，是在主体既有的知识积淀基础上所进行的，这种活动不是盲目的、被动的和消极的，它必然要求主体对外在的客体的信息进行重新建构，这种建构在人的认识过程中起着重要的作用。毛泽东曾说过，人类认识客观事物，必须经过思考作用，将丰富的感觉材料加以去粗取精、去伪存真、由此及彼、由表及里的改造制作功夫，造成概念和理论的系统。这里的"改造制作功夫"，实际上就是马克思主义能动的反映论重新建构的作用。然而，却不能因此而把建构说成是认识的本质，是离开社会实践、离开对外部世界的反映的纯主观

27

先验的创造活动。建构只是主体能动反映客体过程中的一种
手段和一个环节，如果把它抽取出来，加以片面夸大和无限
膨胀，就会得出主观唯心主义认识论的结论。认识建构离开
了外部世界，离开了对外部世界的反映，离开了社会实践的
作用，就排除和否定了物质第一、实践第一的原则。主张用
建构论取代马克思主义认识论的观点，力图提升人的主体性
地位而忽视了物质世界的客观实在性，忽视了实践的基础作
用，把这些降低为了辅助因素。脱离认识的客观前提和实践
基础，而过分强调主体的能动性作用，把人类认识本质的能
动方面与客观反映割裂和对立起来，势必背离唯物主义认识
论路线。在人的认识问题上，建构与反映在本质上是一致
的，建构是反映基础上的建构。马克思主义的反映论不同于
旧唯物主义的反映论，就在于它是以实践为基础的能动的反
映论，这种能动的反映论本身就包括主体的选择、创造和建
构。反映与建构在认识论中的地位和作用是不同的，反映属
于认识论的本质，居基础性地位，而建构从属于反映，以反
映为基础，并以反映为内容和目的，建构总是以反映为轴心
而展开的，反映才是认识论的本质特征。所以，把建构作为
认识的本质，夸大了认识中建构的作用，颠倒了反映与建构
在认识论中的地位，用"建构论"替代唯物主义反映论，完
全背离了马克思主义认识论的基本原则。

二、人类认识的两个飞跃
——从化学元素周期表的诞生看人的认识过程

在俄国化学家门捷列夫（Mendeleev，1834—1907年）发现元素周期表之前，人们就发现了化学元素，但尚未弄清各种化学元素之间的关系。人们所获得的化学知识是非常零散的，远未达到系统化、理论化的完善程度。1829年，德国化学家段柏莱纳（Dobereiner，1780—1849年）发现了三元素组。锂钠钾、氯溴碘等性质相似，排在中间的元素原子量正好是另外两种元素原子量的1/2。段柏莱纳的这一发现，促使化学家们开始关注元素和原子量之间的关系问题。1866年，英国的纽兰兹（Newlands，1837—1898年）把化学元素按原子量大小排列起来，发现第一个元素与第九个元素性质相似，第二个元素与第十个元素性质相似。也就是说，每隔八个元素，就出现性质相似的元素，这就是所谓的八音律。纽兰兹的发现，已经十分接近对化学元素周期的规律性认识了。1869年，门捷列夫把原子量这一永久伴随元素不变的量作为元素列队编序的基础，把当时已经发现的63种元素逐一排队，并给没有发现的元素预留了位置，又纠正了近十个元素的原子量，还建议重新精确测定另外几个元素的原子量，从而列出了最初的元素周期表。1869 年 2 月 17 日，他正式编写出了第一张化学元素周期表。1875 年，法国化学家布瓦博得朗（Boisbaudran，1838—1912 年）用光谱分析法发现了"镓"，与门捷列夫四年前的预言惊人的一致。门捷列夫还指出该元素的比重应是 5.9—6.0，而不是 4.7。布瓦博得朗经过重新测定，证实了门捷列夫的预言。门捷列夫所预言的 11 种未知元素，后来全部被找到了。门捷列夫之所以能够发现化学元素周期律，是因为他在科学概括化学研究的经验材料的基础上，深刻揭示了化学元素间的内在联系，由凌乱的、表面的、片断的认识，上升到系统的、本质的、全面的认识；尔后的化学家陆续发现了此前未知的化学元素，是运用元素周期表所体现的各种化学元素相互联系、制约的思想指导科学实践的生动例证。化学元素周期表的诞生和完善，是人类认识不断深化飞跃的实际案例。

马克思主义认识论坚持从物到感觉和思想的唯物主义反映论立场，主张人的认识是以实践为基础的能动的辩证的发展过程。

列宁说："从生动的直观到抽象的思维，并从抽象的思维到实践，这就是认识真理、认识客观实在的辩证途径。"[12] 毛泽东在《实践论》中发展和深化了列宁这一思想，认为人的认识是一个由实践到理论，再由理论到实践的辩证发展过程。在这个过程中，人的认识发生"两个飞跃"，即在实践的基础上由感性认识而能动地发展到理性认识，又从理性认识而能动地指导革命实践。

认识的第一次飞跃是从感性认识到理性认识。

人们在实践过程中，开始只是看到事物的现象、片面和外部联系，这就是**感性认识**。而随着社会实践的继续，引起感觉和印象的东西反复出现，就促使人们思考事物、现象、过程之间的内在联系，形成对于事物的本质、全体和内部联系的认识，这就是**理性认识**。认识的真正任务，就是实现从感性到理性的飞跃，认识本质，通观全体，发现内部联系，把握客观规律。要实现从感性认识到理性认识的飞跃，第一，必须通过实践获得丰富而不是零碎的、合于实际的而不是主观臆造的感觉材料；第二，必须对于感觉材料进行去粗取精、去伪存真、由此及彼、由表及里的改造制作功夫，形成概念和理论系统，从而获得对于事物的本质和规律的认识。梁启超（1873—1929 年）在《自由书·慧观》中说："学莫要于善观。善观者，观滴水而知大海，观一指而知全身，不以其所已知蔽其所未知，而常以其所已知推其所未知，是之谓慧观。"[13] 这里都是讲认识的深化飞跃。

为什么只有形成了概念和理论的系统，才能认识事物的本质和规律？这是因为，事物的本质和规律具有多方面、多层次的规定性，只有把握客观事物诸多方面和诸多层次的规定性，把握客观事物的内在联系，才能由理论的抽象上升到理论的具体，由现象深入到本质，从而以系统而完备的理论形态，全面把握客观事物的本质和规律。世界是一张普遍联系的网，反映事物本质属性的一个个概念就是网上的纽结，反映世界普遍联系之网的理论是由许多概念纽结构成的，概念的系统化则是对世界普遍联系本质的深化认识。

感性认识和理性认识是辩证统一的。理性认识以感性认识为前提，感性认识以理性认识为归结；感性认识中有理性认识的萌芽、元素，渗透着理性认识；理性认识涵纳着感性认识，是感性认识的整合与提升、深化。一方面，理性认识依赖于感性认识。理性认识之所以可靠，正是由于它来源于感性，一切真知都是从直接经验发源的。坚持这一观点，就坚持了认识论问题上的唯物论。另一方面，感性认识有待于发展到理性认识。人的认识只有从感性上升到理性，才能把握事物的内部联系和规律性。承认感性认识有待于发展到理性认识，就坚持了认识论问题上的辩证法。

黑格尔（Hegel，1770—1831 年）说："老人讲的那些宗教真理，虽然小孩也会讲，可是对于老人来说，这些宗教真理包含着他全部生活的意义。即使这小孩也懂宗教的内容，可是对他来说，在这个宗教真理之外，还存在着全部生活和整个世界。"[14] 同一句格言，从一个饱经风霜的老人嘴里说出来，和从一个未谙世事的孩童嘴里说出来，含义是根本不同的。因为一个老人口中的格言浸透了无数的人世沧桑和丰富的生活体验。电影《我这一辈子》中的那位旧中国的老警察，穷困潦倒之时长叹道："我这一辈子"，其中所包含的酸甜苦辣、人生悲凉，自不待说。可一个孩子鹦鹉学舌地也说这样一句话，会让人不禁失笑。当理论饱含了人生的体验，并达到一种澄明的境界，才能真正体现出理论理性的精深博大和内在力量。真正掌握宇宙社会人生的真理与智慧，不仅需要理性的慎思明辨，更需要感性的躬行践履。同时，感性也不能停滞不前，还要深化、拓展、提升。因为，只有理解了的东西，才能更深刻地感知它。

唯理论否认感性认识而重视理性认识，只承认理性的实在性，不承认经验的实在性；经验论则忽视理性认识而只重视感性认识，只承认经验的实在性，否认理性的实在性。教条主义和经验主义是实际工作中的唯理论和经验论，二者都属于主观主义。教条主义不懂得要根据中国的实际来运用马克思主义，拒绝研究中国实际和中国革命的经验，把马克思主义变成了僵死的、一成不变的、可以机械套用的教条。经验主义则是轻视理论，拒绝正确理论的指导，满足于一孔之见和一得之功，把局部经验当成普遍真理，也只能导致革命的失败。有鉴于此，有书本知识的人向实际方面发展，向实际学习，然后才可以不停止在书本上，才可以不犯教条主义的错误。有工作经验的人，要向理论方面学习，要认真读书，然后才可以使经验带上条理性、综合性，上升成理论，然后才可以不把局部经验误认为即是普遍真理，才可不犯经验主义的错误。

认识的第二次飞跃是从理性认识到新的实践。

懂得了客观世界的规律性，因而能够解释世界固然很重要，但更重要的是拿这种对于客观规律性的认识去能动地改造世界。认识从实践开始，经过实践得到理论的认识，仍须再回到实践中去。因为只有经过这次飞跃，才能检验认识是否具有真理性，才能在总结新的实践经验的基础上使认识得到补充、完善、丰富和发展，才能达到认识的目的。要实现第二次飞跃，还必须把思想理论转化为路线、方针、政策、计划、方案，并抓好贯彻落实，才能实现好由理性认识到实践的飞跃，达到改造世界的目的。

路线、方针、政策、计划、方案是按照客观规律、客观条件以及主体的利益需求建构起来的。但无论是客观事物的规律，还是人们的利益需求，都是非常复杂的。人们在制定路线、方针、政策、计划、方案时，既要全面地认识、把握事物的复杂规律系统，又要正确地反映、处理各种利益关系。无论是对于客观规律的认识出了偏差，还是对于各种利益关系处理不当，都会导致路线、方针、政策、计划、方案的错误，并进而导致实践的失败。如果一项实践失败了，既要看思想、理论有没有问题，也要看路线、方针、政策、计划、方案、方法、途径有没有问题，同时，还要看是不是落到了实处。实现好这"两个飞跃"，是一个复杂而困难的过程，往往要不断地试错，经历许多挫折、失败，才能最终取得成功。毛泽东说："原定的思想、理论、计划、方案，部分地或全部地不合于实际，部分错了或全部错了的事，都是有的。许多时候须反复失败过多次，才能纠正错误的认识，才能到达于和客观过程的规律性相符合，因而才能够变主观的东西为客观的东西，即在实践中得到预想的结果。"[15]

　　无论是人的认识，还是人的实践，都是积极能动的，而不是消极被动的。人们并不是消极地、无选择地面对所有的客体，吸收来自客体的全部信息，而总是根据自己的需要、利益、动机、目的而关注一些事物，忽略一些事物，总是选择一些信息，忽略一些信息。如果没有选择和注意，就不可能有认识。人们在经过实践获得了大量的感性材料之后，就要对其进行筛选、整理、分析、综合，发现各种事物、现象、过程之间的内部联系，揭示事物的规律，形成新的思想、理论和观念，并且根据对于事物的本质和规律的认识以及对于人的需要、利益的认识，在观念中预先设想出实践的结果，构建实践的蓝图，作为行动的向导。马克思说人比蜜蜂高明的地方，就是人在建筑房屋之前就有了房屋的图样。毛泽东说过，一个好的中国的马克思主义者，必须懂得从改造中国去认识中国又从认识中国去改造中国。"我们要建筑中国革命这个房屋，也须先有中国革命的图样。不但须有一个大图样，总图样，还须有许多小图样，分图样。而这些图样不是别的，就是我们在中国革命实践中所得来的关于客观实际情况的能动的反映……我们的老爷之所以是主观主义者，就是因为他们的一切革命图样，不论是大的和小的，总的和分的，都不根据于客观实际和不符合于客观实际……老爷们既然完全不认识这个世界，又妄欲改造这个世界，结果不但碰破了自己的脑壳，并引导一群人也碰破了脑壳。老爷们对于中国革命这个必然性既然是瞎子，却妄欲充当人们的向导，真是所谓'盲人骑瞎马，夜半临深池'了。"[16]

三、人类认识是循环往复以至无穷的
——认识过程"不是涅瓦大街的人行道"

写有著名小说《怎么办？》的俄国杰出的革命民主主义

者，伟大的革命家、作家，一生为真理而奔走呼号的战斗者车尔尼雪夫斯基（Chernyshevsky，1828—1889年）曾说过："历史道路并不是涅瓦大街的人行道，它全然是在旷野上穿行，时而尘土飞扬，时而泥泞不堪，时而经过沼泽，时而穿过密林，谁怕沾上尘土和弄脏靴子，他就不要从事社会活动。"[17] 列宁用"政治活动并不是涅瓦大街的人行道"[18] 的话，批判设想革命发展道路笔直又笔直、革命发展条件纯粹又纯粹的"左派"幼稚病，说明革命道路的曲折性与革命事业的艰巨性，论述了前进性与曲折性的辩证法。毛泽东也说："革命的道路，同世界上一切事物活动的道路一样，总是曲折的，不是笔直的。"[19] 鲁迅（1881—1936年）曾经说："什么是路？就是从没路的地方践踏出来的，从只有荆棘的地方开辟出来的。"[20]

人类的认识活动与人类社会发展的历史进程一样，并非径情直遂和一帆风顺，而是充满了荆棘坎坷，是曲折的、迂回的，是波浪式前进、螺旋式上升的。要认识自然的规律、社会的规律、思维的规律，绝不是直截了当、简单容易的，而是在社会实践的基础上由不认识到认识、由浅入深、由片面到全面的过程，是在实践的基础上循环往复、曲折前进、螺旋式上升的过程。

毛泽东在《实践论》中，深刻阐述了实践在认识中的基础地位、认识的辩证发展过程之后，精辟概括了人类认识的总规律：通过实践而发现真理，又通过实践而证实真理和发展真理。从感性认识而能动地发展到理性认识，又从理性认识而能动地指导革命实践，改造主观世界和客观世界。实践、认识，再实践、再认识，这种形式，循环往复以至无穷，而实践和认识之每一循环的内容，都比较地进到了高一级的程度。这就是辩证唯物论的全部认识论，这就是辩证唯物论的知行统一观。

人类的认识过程是在实践的基础上从感性认识到理性认识，又从理性认识到革命实践的能动的辩证发展过程，是实践、认识，再实践、再认识的一个循环往复、不断深化上升的过程。

一般来说，如果人们在实践中实现了从感性认识到理性认识的飞跃，形成反映客观实际、客观过程、客观规律的思想理论，制订了计划、方案，应用于新的实践，实现了预想的目的，将思想理论与计划、方案变为现实，就完成了一个具体的认识过程。但由于受主体认识能力、科学技术条件以及客观过程的发展及其表现程度的限制，人们的认识往往不深刻、不全面甚至是错误的，只有经过实践与认识的多次反复，经历多次挫折和失败，才能实现主观与客观的观念统一和现实统一。

从客观过程的推移来看，客观事物是向前推移、发展的，人的认识也必须随之向前推移、发展。当一个客观过程从某一发展阶段向另一发展阶段推移转变，人们的主观认识、行动任务、方针政策，也必须随之转变，以适应新的情况的变化。要刚健而时中，进取而及时。若思想脱离实践、落后实际，非但不能充任社会发展的向导，反而怨恨车子走得太快，企图开倒车，这就要犯右倾机会主义的错误；若思想超越客观过程的发展阶段，把幻想看作真理，把抽象可能看作现实可能，把将来才能实现的理想勉强放在现时来做，就要犯冒险主义的错误。客观事物不断发展，社会实践不断推进，人的认识不断深化。根据一定的思想、理论、计划、方案从事变革客观现实的实践，一次又一次地向前，人们对于客观现实的认识也就一次又一次地深化。客观现实世界的变化运动永远没有完结，人们在实践中对于真理的认识也就永远没有完结。马克思主义并没有结束真理，而是在实践中不断地开辟认识真理的道路。

就总体而言，认识是一个过程，由于主客观多方面的原因，必须经历从实践到认识、从认识到实践的多次反复，不可能一次完成。从事变革现实的人们常常受到许多限制，不但常常受到科学条件和技术条件的限制，而且也受着客观过程的发展及其表现程度的限制（客观过程的方面及本质尚未充分暴露），在这种情形之下，由于在实践中发现前所未料的情况，因而部分地改变思想、理论、计划、方案的事是常有的，全部改变的事也是有的。

在自然科学领域，关于物质结构的认识就是这样。开始，人们根据观察，把千变万化的物质世界归结为某一种或某几种元素，如归结为气，归结为水，或归结金、木、水、火、土五种元素等。待后来有了显微镜，能观察到微观世界的情形，就有了由分子、原子构成物质世界的学说，再后来，由于科学仪器的发展，又能够发现比原子更小的构成元素，称之为基本粒子。可以看到，这种认识的深化，主要受制于科学仪器和科学技术水平。同时，还能看到，认识每达到一个新的层次，人们往往就认为认识已经"到底"。因而这些元素才被称为"原子"、"基本粒子"，这些名称本身正是反映了这样一种认识"到底"的意识。但是，随后人们总是发现，认识并没有完结，认识还需要发展。

社会领域就更是如此。例如对于社会主义的认识，早在 16 世纪，作为对资本主义的批判和对理想社会向往的空想社会主义就开始出现。马克思主义以唯物史观为基础，把社会主义从空想变成了科学，创立了科学社会主义。列宁领导的十月革命又把社会主义从理论变成了现实。随后建立的第一个社会主义国家苏联，曾经被视为热爱社会主义的人们的楷模，直至形成了苏联社会主义建设的僵化模式，遭受重大挫折。中国一开始根据苏联经验建设社会主义，在经过多次严重的挫折之后，终于认识到："什么叫社会主义，什么叫马克思主义？我们过去对这个问题的认识不是完全清醒的。"[21] 必须搞清楚"什么是社会主义，怎样建设社会主义"这一首要的基本问题。改革开放以来，在"解放思想、实事求是"思想路线的指引下，我们党对社会主义的认识又有了新的深化，逐步形成了中国特色社会主义制度、道路和理论体系。当然对社会主义的认识远没有完结，社会主义是一个漫长的过程，对它的认识还有待继续深化和发展。

四、真理是一个发展过程
——黑天鹅的启示

在18世纪欧洲人发现澳洲之前，由于他们所见到过的天鹅都是白色的，所以他们认为，所有天鹅都是白色的。直到欧洲人发现了澳洲，看到当地的黑天鹅以后，他们才知道原来的认识并不全面，天鹅不仅有白色的，也有黑色的。

2007年，美国纽约大学库朗（Courant，1888—1972年）数学研究所的研究员塔勒布（Taleb，1960年—　）写的《黑天鹅效应：如何及早发现最不可能发生但总是发生的事》一书出版，引起了人们的关注。作者以黑天鹅的发现为例，进一步指出，罕见的和不可能的事件出现的次数比人们想象的还要多。人的想法通常受限于其所见、所知，但是，实际的情况比人们认知的更复杂、更不可预知。这里所涉及的就是，马克思主义认识论中关于真理的过程性以及相对真理和绝对真理关系问题。

所谓相对真理，或者说真理的相对性，是说，作为认识主体的人具有各种各样的局限性，因而任何具体的真理都是相对的，具有一定的局限性。

由于人的生命短暂，受到环境、条件的限制，又由于认识对象无比广大、复杂，且处在不断的变动中，人们所得到的具体认识都有一定的局限性，都是对一定对象、一定层次、一定范围的认识，不可能那么圆满，不可能一下子把什么都认识清楚了、认识完全了、认识透彻了。

所谓绝对真理，或者说真理的绝对性，是说，凡是正确的认识都是主观对客观事物的正确反映，是与客观事物相符合的认识。

客观事物的存在是绝对的、毫无疑义的。真理之所以是真理，必须是与客观事物相符合的认识，这也是绝对的。虽然符合到什么程度是变动的、相对的，但是必须符合则是绝对的，而不能说可以符合，也可以不符合。在澳洲发现黑天鹅以后，原来认为天鹅都是白色的认识就是不正确的。但是，白天鹅确实是存在的，认为天鹅是白色的认识并非一无是处。所以准确地说，原来的认识并非全错，只是不完全的即相对的，是相对真理。但是，这个相对真理也具有绝对性，因为白天鹅无疑是存在的，认为天鹅是白的也正确地反映了部分事实。如果连这一点也不承认，那就走向另一个错误的极端了。

苏格拉底（Socrates，前469—前399年）有一句名言："我唯一知道的就是我不知道。"这句话鲜明地指出了人的认识的相对性。苏格拉底是古希腊伟大的哲人，他知道很多道理。他讲的这句话也反映了一种深刻的正确认识。大概不会有人因为他讲了这样的话就以为苏格拉底什么都不懂，是一个大傻瓜。由此可知，相对真理与绝对真理是互相联系的，不能片面地承认一个方面而否定另一个方面。在这个意义上，可以说，相对真理与绝对真理是真理的两重属性，所有的具体真理都同时具有这两重属性。

如果绝对真理是指对于客观世界完全的认识的话，那么，这样的真理不是哪一个人、哪一个时候所能够获得的。但是，由于人类社会及人的认识能力的发展是无止境的，这种认识的可能性是不能否定的、人类向这种认识的接近也是无止境的，因而也是绝对的。不过这种绝对真理只能存在于相对真理无止境的发展过程中，而不能离开相对真理单独存在。也可以说，绝对真理是由相对真理构成的，相对真理中包含着绝对真理的成分。

人类的实践以及对于客观事物的真理性认识是一个不断发展的过程。人类实践是总体性与具体性、历史性与绵延性的统一，人的思维是至上性与非至上性的统一。

按照人类实践的本性和思维的本性，是可以在世代相续的总体性实践中认识客观事物的本质和规律，获得客观真理或绝对真理的；但人类总体性实践是由各个历史时期的具体实践构成的，人类思维的至上性是由非至上的各个历史时期的具体人的思维构成的，人类对于总体宇宙发展过程的认识是通过对于各个具体过程的认识实现的。绝对真理是由无数相对真理的总和构成的。绝对真理犹如长河，相对真理就是支流或水滴。无数相对真理的总和构成绝对真理。人类实践的每一次进步，科学技术的每一次发现，人类认识的每一次深化，都向绝对真理趋近了一步。

人们在实践中所获得的真理都既是相对的，又是绝对的，是相对性与绝对性的统一。我们承认客观真理和绝对真理，或承认真理的客观性与绝对性，坚持物质世界的客观性、可知性以及一切从实际出发、主观符合客观的必要性，反对在真理问题上的唯心论、不可知论、相对主义；同时，我们又承认真理的主观性与相对性。真理是在人的能动创造的实践中，在主观对客观的能动反映中，在人类世代延续的具体的历史的实践中，通过无数相对真理而趋向绝对真理的。我们应该反对在真理问题上的机械唯物论、终极真理论和绝对主义，避免把真理性认识变成脱离实践、脱离时代的凝固不变、死板僵化、永不发展的教条。毛泽东说过，谁能一开始就认识中国革命规律？开始只想革命，但怎么革法，先革什么，后革什么，不清楚。只有经过多次胜利多次失败，经过大风大浪，才能逐步认识中国革命的规律。

客观世界是充满矛盾和斗争的发展过程，作为客观世界之反映的人的认识也是一个充满矛盾和斗争的发展过程。当客观世界的发展过程进入了新的阶段，出现了新矛盾、新特点、新情况、新问题，人们就必须更新思想观念，反映新的实际，形成新的理论，指导新的实践。客观实际的运动、变化、发展永无终结，人类在实践中对于客观世界的认识也永无终结。社会实践中的发生、发展和消灭的过程是无穷的，人的认识的发生、发展和消灭的过程也是无穷的。人们根据一定的思想、理论、计划、方案从事变革客观现实的实践，一次又一次地向前，对于客观现实的认识也就一次又一次地深化。客观现实世界的变化运动永远没有完结，人们在实践中对于真理的认识也就永远没有完结。马克思主义并没有穷尽真理，而是在实践中不断地开辟认识真理的道路。我们的结论是主观和客观、理论和实践、知和行的具体的历史的统一，反对一切离开具体历史的"左"的或右的错误思想。

承认真理的相对性与绝对性，不仅具有重要的理论意义，也具有非常重要的现实意义。

过去有一段时间，大家出于对革命领袖和革命理论的敬重和崇拜，认为伟大领袖什么都知道，马克思主义的理论每句话都正确，好像什么问题都解决了，只要照抄照搬照办就可以了，不需要有新的探讨，更不容许有丝毫的怀疑和批评。这样做的结果，是思想的僵化，教条主义、个人崇拜盛行，造成了严重的危害。经过实事求是思想路线的教育，大家明白了，实践是检验真理的唯一标准，伟大领袖也会犯错误，有了错误也应当批评和纠正。马克思主义也会有时代的局限性，也需要继续探讨和进一步发展。但是，有的人又因此走向另一个极端，认为世界上什么东西都靠不住、都不可信。走向了只承认相对性、不承认绝对性的相对主义。

真理同谬误相比较而存在、相斗争而发展，并且在一定条件下相互转化。

真理是人们对于客观事物的正确反映，谬误则是对于事物歪曲的反映，二者是有原则区别的。但任何真理都是对于特定对象的正确反映，都适用于一定的范围。如果把真理同它的具体对象割裂开来，超越它所适用的范围到处套用，就会把真理变成谬误；反之，当我们克服了把真理绝对化的错误，严格划定它所适用的范围，谬误就能够向真理转化。市场经济体制奉行利益原则、价值原则、竞争原则，实行市场经济体制，会提高经济运行效率；但市场经济也会发生垄断，造成公共性、公平性和宏观性失灵，也有其不可避免的局限性。如果将市场原则加以泛化，将其扩展到社会生活的各个方面，就会导致灾难性的后果；相反，如果我们既充分发挥市场在资源配置中的作用，又为市场经济合理划界，切实履行好政府经济调节、市场监管、社会管理、公共服务的职能，就会回归对于市场经济的正确认识。

　　错误往往是正确的先导，如果我们不是对错误采取简单否定的态度，而是认真分析错误产生的根源，从中吸取经验教训，就会得出正确的认识。我们对于中国革命和建设规律的认识就是在总结多次胜利和多次失败的经验教训的基础上而逐步获得的。只有善于总结经验，才能够有所发现，有所发明，有所创造，有所前进。毛泽东自称是靠总结经验吃饭的。1965 年 7 月 26 日接见李宗仁（1891—1969 年）夫妇时，程思远（1908—2005 年）作陪。毛泽东问程思远："你知道我靠什么吃饭吗？"正当程思远不知如何回答时，毛泽东说:"我是靠总结经验吃饭的。"而总结经验要及时,要持之以恒,要发扬民主,要勤于思考,要兼收并蓄,要正确对待成功与失败,要善于提升到哲学的高度。最后,还要坚持实践标准,在实践中检验我们总结的经验是否正确。

懂得相对真理与绝对真理及其相互关系的道理,可以帮助人们正确认识和对待各种认识成果。一方面,对于符合客观实际的正确认识,对于正确认识世界的能力,应当充满信心,奋发有为。另一方面,又应该保持清醒的头脑,时刻意识到人的认识的局限性,并不断克服这种局限性,从而在认识世界、改造世界的征途中不断前进。懂得真理和谬误的辩证法,也可以帮助人们正确对待真理和严格运用真理,不把真理绝对化,不把真理教条化;帮助人们正确对待错误、挫折和失败,善于从挫折、失败的教训中学习;勇于追求真理、坚持真理,承认错误、修正错误,变得聪明、睿智起来,在实践中不断获得真知,在实践中不断取得进步。

五、认识世界是为了改造世界
——不同于一切旧哲学的根本特点

马克思主义哲学以实践为主题,以改造世界为目的,以改变旧世界与建设新世界为己任。马克思在《关于费尔巴哈的提纲》中旗帜鲜明地表达了他的以实践为基础的新世界观不同于过去一切旧哲学的显著特点，明确宣称马克思主义哲学认识世界的目的在于改造世界。毛泽东指出："无产阶级和革命人民改造世界的斗争，包括实现下述的任务：改造客观世界，也改造自己的主观世界——改造自己的认识能力，改造主观世界同客观世界的关系。"[22] 这些论断揭示了人类认识的根本目的，阐明了马克思主义哲学的基本功能，指出了无产阶级改造世界的伟大历史使命，为学习和运用马克思主义认识论指明了方向。

所谓改造客观世界，就是改造自然和社会；改造主观世界，就是改造人们的思维方式、价值观念，提升人们的道德情感、精神境界，增强人们的主体素质和能力。

无论是改造客观世界，还是改造主观世界，都要把理论与实际结合起来，要紧密联系客观实际和思想实际，把理论转化为具有操作性的路线、方针、政策、措施、办法，用于指导人们的实践，达到改造客观世界的目的。同时，还要有锲而不舍、坚持不懈的意志和坚定不移的韧性，有踏石留印、抓铁有痕的干劲。对于领导干部来说，还要有正确的政绩观和高尚的精神境界，正确运用手中的权力增加百姓利益、多谋百姓福祉，既要科学决策规划好发展蓝图，又要有一张蓝图抓到底的恒心。不能只是热衷于搞规划、提口号，而不去通过艰苦细致的工作组织实施。要有高远的志向、深邃的眼光、长远的规划以及"功成不必在我"的胸襟，不能一任领导一个思路，不能做急功近利、杀鸡取卵、竭泽而渔的蠢事。要切实把工作落到实处。一个实际行动胜过一打纲领，一个实际的效果胜过所有空洞的口号。如果只是空谈理论，没有改造的路径、方法、桥梁、中介，只是制定规划，而不能采取切实有效的办法落实规划，只是热衷于提出新的口号，而不能采取实际的行动，就达不到改造世界的目的，就会把改造世界变成一句空话。

改造客观世界与改造主观世界是紧密联系的，人们要正确地认识客观世界，有效地改造客观世界，必须主动自觉地改造自己的主观世界。而要改造主观世界，也必须积极从事对于客观世界的改造。

只有在改造客观世界的实践中，人们才能获得对于自然、社会和人生的本质与规律的认识，形成科学的思维方式和正确的价值观念，才能锻炼自己的胆魄与意志，提升自己的主体素质和能力。要在改造客观世界的过程中改造自己的主观世界，通过改造主观世界促进、推动客观世界的改造。

如果说认识规律、获得真理是认识的直接目的，那么运用规律、改造世界则是认识的最终目的。马克思主义主张理论与实践、知与行的统一。要做一个真正的马克思主义者，就要把理论和实践有机结合起来，既要精通理论，又要运用理论去指导实践；就要把知和行有机结合起来，既要努力求知，又要积极实践，说实话，办实事，求实效。

人类发展进程是认识世界和改造世界、改造主观世界和客观世界辩证统一的过程。

认识世界和改造世界是统一的，认识世界以改造世界为基础，改造世界以认识世界为指导；认识的目的不仅在于认识世界，更在于改造世界。作为彻底的、实践的唯物主义者，更应重视对世界的改造和重建。改造世界的任务是多重的，改造世界包括改造客观世界和主观世界两项基本任务。马克思主义认识论的目的，说到底是为了改造世界，既改造客观世界，也改造自己的主观世界，改造自己的认识能力，改造主观世界与客观世界的关系。客观世界，包括自然界和社会。人们通过实践改造自然，使之发生既合规律又合目的的变化，创造物质财富，满足生存与发展需要。改造自然，就必须改造社会，社会得不到有效的改造，就无法实现改造自然、利用自然，与自然和谐发展的目的。改造社会，要破除阻碍社会进步、束缚人的自由发展、践踏人的权利的制度体制，创新、构建促进社会进步和人的自由发展的制度体制，改造黑暗、落后的旧社会，建设进步、光明的新社会。改造社会，需要克服依附于旧的制度体制的压迫者、专制者、既得利益者的抵抗与反对。因为改造社会的实践，无论对于经济制度和体制的改造，还是对于作为经济利益集中表现的政治制度和体制的改造，都是利益关系的变动和调整，因而也是各个阶级、阶层和利益集团之间的斗争。认识世界和改造世界的主体是人。改造社会就是对人的改造，要改造甚至消灭逆历史潮流而动而又顽固不化、顽强抵抗的人，改造旧人使之为新的社会制度而生产、生活，要教育人使之成为顺应新的历史潮流的人。总而言之，人们在改造客观世界的过程中，认识了客观世界的规律，创造了物质财富，改革、创新、完善了社会制度，满足了自己追求真知、生存发展、自由民主的需要，锻炼、增强、提升了自己的主体能力和素质，因而在改造客观世界的过程中人的主观世界也得到了改造。为了更好地改造客观世界，就要自觉主动地改造自己的主观世界。这就需要有完善的知识结构，有科学的认识方法、思想方法、工作方法，有正确的价值观和高尚的道德情感，有崇高的理想和坚定的信念。

在改造客观世界和主观世界的过程中，主观世界与客观世界的关系也得到了改造。比如在人与自然的关系上，从自然界对人的压迫奴役到人在自然面前主体地位的确立，从对自然片面的征服、攫取、占有到人与自然的和谐共生。而要完成这一转变，是与人的主体能力的提高、思想观念的变化以及人与自然相互作用的方式密切相关的。认识世界和改造世界，不仅是一个求真的过程，也是一个求善、求美的过程，作为主体的人，不仅要有正确的世界观方法论，还要有正确的价值观道德观。

结　语

实践的观点，是认识论的首要的、基本的观点。人的认识经过"两次飞跃"，是一个循环往复、螺旋式上升，以至无穷的过程。真理的形成也是一个过程，是相对真理与绝对真理的统一。中国共产党人高度重视马克思主义认识论的学习、研究与运用。在中国革命、建设和改革的长期实践过程中，在不断反思和总结经验的基础上，创造性地发展和丰富了马克思主义认识论，形成了"从实践到认识，又从认识到实践"、"由个别到一般，再由一般到个别"、"从群众中来，到群众中去"、"物质变精神，精神变物质"、"实践是检验真理的唯一标准"和"解放思想，实事求是，与时俱进，求真务实"思想路线等重要思想。人们认识世界的根本目的是改造世界。学习马克思主义认识论，一定要掌握这些基本观点并用于指导自己的言行。

注　释

1　《荀子·儒效》。

2　陆游：《冬夜读书示子聿》。

3　《列宁专题文集　论辩证唯物主义和历史唯物主义》，人民出版社2009年版，第49页。

4　《马克思恩格斯文集》第4卷，人民出版社2009年版，第266页。

5　《毛泽东选集》第一卷，人民出版社1991年版，第287页。

6　《马克思恩格斯文集》第一卷，人民出版社2009年版，第503页。

7　《邓小平文选》第三卷，人民出版社1993年版，第155页。

8　《邓小平文选》第三卷，人民出版社1993年版，第382页。

9　《列宁专题文集　论辩证唯物主义和历史唯物主义》，人民出版社2009年版，第139页。

10　《列宁专题文集　论辩证唯物主义和历史唯物主义》，人民出版社2009年版，第49页。

11　詹姆斯：《实用主义》，商务印书馆1996年版，第104页。

12　《列宁专题文集　论辩证唯物主义和历史唯物主义》，人民出版社2009年版，第135页。

13　《梁启超选集》，上海人民出版社1984年版，第107页。

14　黑格尔：《小逻辑》，商务印书馆1980年版，第423页。

15　《毛泽东选集》第一卷，人民出版社1991年版，第294页。

16　《毛泽东文集》第二卷，人民出版社1993年版，第344页。

17 转引自《列宁选集》第 4 卷，人民出版社 1995 年版，第 823 页，注释 85。

18 《列宁选集》第 4 卷，人民出版社 1995 年版，第 180 页。

19 《毛泽东选集》第一卷，人民出版社 1991 年版，第 155 页。

20 《鲁迅全集》第 1 卷，人民文学出版社 1981 年版，第 371 页。

21 《邓小平文选》第三卷，人民出版社 1993 年版，第 63 页。

22 《毛泽东选集》第一卷，人民出版社 1991 年版，第 296 页。

由个别到一般，再由一般到个别

——认识的秩序和过程

把个别和一般结合起来，遵循从个别到一般、从一般再到个别的路数去认识世界，既符合客观事物的辩证法，也符合人类认识的辩证法，是认识世界、获得真知的不二门径。

从实践到认识，又从认识到实践，由特殊到一般，再由一般到特殊，人类认识总是这样循环往复、不断深化的，这就是人类认识的总的秩序和总的过程。

一、人类认识的个别与一般
——关于马克思主义中国化

"一般"与"特殊"的关系既是辩证法的精髓，也是认识论的关键问题。马克思主义中国化，实质上就是马克思主义的"一般"与具体情况的"特殊"的辩证结合过程。

把马克思主义的一般原理应用于中国的"具体环境"和"特殊条件"，使之发生内容和形态的改变，才能形成适应中国实际需要的、具有中国内容和表现形态的、为中国人民所接受的中国化的马克思主义。中国化马克思主义，就是实现马克思主义的中国化。既要肯定"一般性"，坚持马克思主义一般原理，又要肯定"特殊性"，坚持马克思主义一般原理与中国特殊实际相结合；不能因为强调"特殊性"而否定"一般性"，从而否定马克思主义一般原理；也不能因为强调"一般性"而否定"特殊性"，从而否定马克思主义中国化的必要性。因为强调"特殊性"而否定"一般性"，是拒绝和否定马克思主义的指导作用；因为强调"普遍性"而否定"特殊性"，就会脱离中国的具体国情，脱离中国的历史文化，脱离中国的人民大众。因为强调"普遍性"而否定"特殊性"，就是教条主义；因为强调"特殊性"而否定"普遍性"，就是经验主义。教条主义离开具体实际，生搬硬套马克思主义的结论和词句，拿来指导实践，就会走弯路，使事业遭受损失。经验主义否定马克思主义的普遍指导作用，拒绝马克思主义指导，离开马克思主义的正确指南，就会迷失方向。总而言之，让马克思主义一般原理与中国特殊国情相结合，这是马克思主义中国化的真谛所在。

早在井冈山斗争时期，毛泽东就已经从辩证唯物主义认识路线的高度提出了党的正确的思想路线，论及马克思主义中国化问题。他在 1930 年就提出要把马克思主义的"本本"同我国实际情况相结合。在 1936 年《中国革命战争的战略问题》一文中，他从哲学高度明确阐述了一般战争规律与革命战争规律的关系，科学地阐明了"一般性"与"特殊性"的辩证关系。在 1937 年的《实践论》、《矛盾论》这两部马克思主义中国化的经典论著中，他科学地论证了矛盾的"一般性"和"特殊性"辩证关系这个马克思主义哲学的普遍原理，形成了马克思主义与中国具体实践相结合的马克思主义中国化的哲学根据。在 1938 年 10 月中共六届六中全会的报告中，毛泽东对马克思主义中国化作了最为经典的论述："共产党员是国际主义的马克思主义者，但是马克思主义必须和我国的具体特点相结合，并通过一定的民族形式才能实现。马克思列宁主义的伟大力量，就在于它是和各个国家具体的革命实践相联系的。对于中国共产党说来，就是要学会把马克思列宁主义的理论应用于中国的具体的环境。成为伟大中华民族的一部分而和这个民族血肉相连的共产党员，离开中国特点来谈马克思主义，只是抽象的空洞的马克思主义。因此，使马克思主义在中国具体化，使之在其每一表现中带着必须有的中国的特性，即是说，按照中国的特点去应用它，成为全党亟待了解并亟须解决的问题。"[1]

马克思主义中国化这个科学命题，深刻包含了人类认识的个别与一般的辩证内涵。从哲学意义上来说，马克思主义中国化问题，实质上就是哲学原理"一般性"与"特殊性"的辩证关系问题，只有从认识路线上解决好这个关键问题，才能解决好马克思主义中国化问题。马克思主义是"一般"，是马克思、恩格斯在科学分析自由资本主义经济的特殊基础上所揭示出来的资本主义发展的一般规律、一般趋势，所概括出来的人类社会发展的一般规律、一般趋势的一般原理，是放之四海而皆准的真理。而马克思主义中国化又是"个别"，是马克思主义一般原理与中国特殊实际相结合的产物。马克思主义中国化就是马克思主义一般原理与中国特殊国情辩证结合的产物。马克思主义中国化的命题深刻说明了人类认识由个别到一般、再由一般到个别的辩证关系和辩证过程。

1937年4月到8月初，为了提高广大军政干部的哲学素养，帮助他们学会运用马克思主义的立场、观点、方法分析问题和解决问题，毛泽东在延安抗日军政大学讲了一百多学时的哲学课。他在七八月间讲的《实践论》和《矛盾论》中，不仅指出人类的认识是一个由实践到认识，再由认识到实践的过程，即在实践的基础上由感性认识到理性认识，再由理性认识到革命实践的过程；而且指出人类的认识也是一个由个别、特殊到一般、普遍，再由一般、普遍到个别、特殊的过程。

人类认识的个别与一般的问题既然如此重要，那么，什么是个别、什么是一般呢？

个别就是指单个的、具体的事物。一般则是指不同事物之间在本质上的共同点。个别是具体的、特殊的、活生生的，而一般则是普遍的、抽象的、干巴巴的。

比如，人们所看到的人是一个一个具体的人，或是男人，或是女人，或是黄种人，或是白种人，或是黑种人，这些一个一个的具体的人就是个别。而人们所说的人的概念则是一般，因为不管是男人还是女人，是黄种人、白种人还是黑种人，这个人还是那个人，都具有人的共同本质，都是人，这一点是共同的。具体的人就是个别的，个别是具体的、生动的、实实在在的；一切个别人的共同的、普遍的本质则是一般。不论男人、女人，黄种人、白种人、黑种人，都是人，都具有人的共同本性，一般则是抽象的。个别与一般是相对而言的，男人相对于人是个别，相对于某个男人又是一般。人的认识过程就是认识个别与认识一般的辩证统一。

认识个别与认识一般的定义和区别似乎并不难理解，但是深入思考之下，要真正把握也不容易。多年前，在《小朋友》杂志上有这样一则小故事总是令人难忘。故事说，一位小朋友从幼儿园回到家，兴奋地向爸爸妈妈汇报："老师教我们算术了，我学会算术了。"父母听了很高兴。父亲说："我考考你。"他拿了三根香蕉放在桌上，又拿了两根香蕉放到一起，然后问："三根香蕉加两根香蕉等于几根香蕉？"小朋友说："不知道。"父母听了很奇怪："你们老师不是教你算术了吗？"小朋友回答说："老师用的是苹果，不是香蕉。"这个故事似乎令人难以置信，但却极鲜明地揭示了人类认识的一般规律：从个别到一般、从具体到抽象。

从认识个别到认识一般、从认识具体到认识抽象，是人的认识的一个飞跃。

这个飞跃意义重大，实现起来却有一个过程，并不容易。恩格斯也说到过类似问题。他说："先从感性的事物得出抽象，然后又期望从感性上去认识这些抽象，期望看到时间，嗅到空间。经验主义者深深地陷入经验体验的习惯之中，甚至在研究抽象的时候，还以为自己置身在感性体验的领域内。"[2]

这种认识上的失误，在人类认识史上历来存在。在我国古代哲学史上，先秦时期的"辩者"提出过著名的"鸡三足"命题。在《庄子·天下篇》中记载的"辩者二十一条"中，有"鸡三足"这一命题。在《公孙龙子》的《通变论》中有更具体的记载："谓鸡足一，数足二，二而一，故三。"同时记有："谓牛羊，一，数足，四，四而一，故五。"说的是同样的道理。这里的"谓"，即称谓，是指的一般，这里的"数"，是具体的鸡和牛羊的具体的足的数目，是鸡或牛羊足的个别。一般的鸡足加个别的鸡足，则为"鸡三足"。

本来，一般存在于个别之中，在具体的鸡或牛羊足之外，并不独立存在一个作为一般、"共相"的鸡或牛羊的足。在这个命题中，把一般作为脱离个别的独立存在与个别的具体的东西相提并论，就得出了"鸡三足"之类荒谬的结论。正如冯友兰（1895—1990 年）所说，概念和具体的东西并不是一类的，而是属于两个世界的，所以并不是并排放着的。

这里所说的两个世界是从逻辑上说的，不是就空间上说的。比如说，人们看见过一千只狗，由此得到狗的概念，这个狗的概念并不是第一千零一只狗，而是另外一件事。对于那一千只狗的认识是感性认识，它们是感觉的对象，狗的概念是关于狗的共相，即一般的认识，是理性认识。共相，一般是理性认识的对象，由感性认识到理性认识是一个飞跃。真正认识到共相和殊相即一般和个别的区别以后，就可以体会到从认识个别到认识一般飞跃的真实意义了。

个别和一般并不是彼此孤立、互相排斥的，而是具有内在统一性的。一般只能在个别中存在，只能通过个别而存在。认识一般只能通过认识个别而实现。

在个别的事物中，蕴含着一般的、普遍的、共同的本质和规律；如果离开了个别的、具体的事物，一般就是空洞的、虚幻的、没有内容的东西。不能设想，离开了一个个具体的、个别的、特殊的人，还能存在什么抽象的、一般的、普遍的人；没有了多种多样的、五彩缤纷的具体的、个别的、特殊的树叶，还能存在什么抽象的、一般的、普遍的树叶；在平房、楼房、四合院等具体的、个别的、特殊的房屋之外，还存在着什么抽象的、一般的、普遍的房屋。从这个意义上说，"个别就是一般"，"任何个别（不论怎样）都是一般"[3]。

我们说一般只能在个别中存在，那么，能否说个别可以脱离一般而存在呢？也不能。"个别一定与一般相联而存在。"[4] 因为在个别的、特殊的事物中蕴含着一般的、共同的本质与规律，个别是受一般所规定、所制约的。如果个别、特殊的事物中不存在一般的、普遍的本质和规律，这样的个别、特殊的事物就不会存在。如果张三、李四、王五，不是生活在社会关系之中，没有理性、情感、意志，不进行物质生产实践、社会政治实践、科学文化实践这些物质性的、社会性的能动创造活动，不具有人的一般的、共同的本质，也就不成其为人了。可见，对一般人的认识来自对个别人的认识，对一般事物的认识来自对个别事物的认识。

个别与一般是内在统一、紧密相连的，二者之间没有不可逾越的鸿沟，其区别是相对的而不是绝对的，但二者毕竟还是有区别的。认识一般与认识个别是辩证统一的。

在中国哲学史上，"名"与"实"的关系问题的争论，实质就是关于特殊与一般的关系的争论问题。"名"为一般，"实"为特殊，譬如，桌子是此类物品的统称，为"名"，而人们所看到、接触到的都是一个一个具体的桌子，如长桌、圆桌、木桌、石桌、大桌、小桌等，此则为"实"，即桌子实物。"名"是"实"的共同属性的抽象，"名"存在于"实"之中，"名"离不开"实"，而"实"则有"名"。人的认识则是从"实"到"名"，由名而到实，二者既有区别，又相互统一，是认识"名"与认识"实"的统一、认识个别与认识一般的统一。

一般比个别深刻、概括，个别比一般丰富、生动。个别是千差万别、丰富多彩的，每一个具体的、个别的事物除了具有同类事物的共同点、共性、一般性、普遍性之外，还有自身的个性特点、独特规定性。一般性、共性、普遍性只是大致地概括、包含了具体的、个别的事物的共同点，而不可能包括具体的、个别的事物的一切特点、一切方面；任何个别事物的所有特性、规定性也不可能全部包含在一般之中。比如"人"这一概念，只是反映了人之为人的一般的、普遍的本质规定，即人是一切社会关系的总和。至于说是男人还是女人，古人还是今人，好人还是坏人，每一个人的性别、相貌、品质、性格、担当什么社会角色、从事什么样的职业，这些个性特点则在从具体的人向一般的人的概括提升过程中被"蒸发"掉了。正如列宁所说："任何一般都是个别的（一部分，或一方面，或本质）。任何一般只是大致地包括一切个别事物。任何个别都不能完全地包括在一般之中。"[5]

　　那么，某一个别的、特殊的事物是怎样同另一些个别的、特殊的事物相联系呢？从发生学的意义上说，任何一个个别的事物一开始都是独自走着自己的发展、演化之路的。一些特殊的事物在其演变、进化过程中，具有了某种规定性、特点、特殊性，这种规定性、特点、特殊性的产生，一开始是偶然的、不确定的。而经过漫长的演变、进化，这种规定性、特点、特殊性反复出现，日益具有了确定的、必然的性质，并成为一些事物经常的、普遍具有的属性。于是，偶然性便向必然性转化了，个别性、特殊性就向一般性、普遍性转化了。这样，"任何个别经过千万次的过渡而与另一类的个别（事物、现象、过程）相联系"[6]。这是一种自然界的必然性、客观联系，是一种客观的、自然的辩证法。而当我们从一些个别的、特殊的事物中，发现了它们一般的、普遍的、共同的属性，把握了它们一般的、共同的、普遍的本质、规律、联系，从个别中发现一般，从特殊中发现普遍，从个性中发现共性，从偶然中发现必然，将对事物个别属性的认识上升到一般、普遍的认识，则是以客观的辩证法为基础的认识的辩证法。辩证法是客观世界所本来具有的，也是人类的全部认识所固有的。"辩证法也就是（黑格尔和）马克思主义的认识论。"[7]

人的认识由个别、特殊过渡、上升到一般、普遍，需要思维方式的转换，这就是要由形象思维转换到理性思维、抽象思维。

恩格斯说："先从感性的事物得出抽象，然后又期望从感性上去认识这些抽象，期望看到时间，嗅到空间。经验主义者深深地陷入经验体验的习惯之中，甚至在研究抽象的时候，还以为自己置身在感性体验的领域内。"[8]冯友兰曾经说，在日常生活中，人们常用的思维是形象思维，所以对形象思维比较容易了解。但对于理论思维、抽象思维，即对于一般的了解比较困难。一说到"红"这个抽象概念，即"红"的一般，总觉得有一个什么红的东西，这还是停留在形象思维。其实，"红"的概念或一般的"红"，并不是什么红的东西，只有认识到"红"的概念或一般的所谓"红"并不红，"动"的概念或一般的所谓"动"并不动，"变"的概念或一般的所谓"变"并不变，这才算是懂得了概念和事物、一般和个别的区别，懂得了认识个别与认识一般的辩证法。

一般是存在于个别之中的，不能把一般作为脱离个别的独立存在与个别的具体的东西相提并论，否则，就会得出荒谬的认识结论。

冯友兰说，概念和具体的东西不同，但也不是截然分开的两个世界，不是可以并排放着的。比如说，人们看见过一千棵树，由此得到树的概念，这个树的概念并不是第一千零一棵树。对于那一千棵树的认识是感性认识，它们是感觉的对象，树的概念是关于树的共相，即一般的认识，是理性认识。共相、一般是理性认识的对象，由感性认识到理性认识是一个飞跃。真正认识到共相和殊相、即一般和个别的区别以后，就可以体会到这个飞跃的真实意义。冯友兰深有体会地说："无论怎样，我认识到抽象和具体的分别以后，觉得眼界大开，心胸广阔。"[9]

实际生活中常常会发生这样的情形。例如，过去我们曾经把国有制等同于公有制，结果路越走越窄，几乎走进了死胡同。把国有制等同于公有制，即把个别等同于一般，或者只看到个别，看不到一般，其所犯的是跟一开始提到的那个小朋友相类似的错误。其实，国有制只是公有制的一种形式，公有制作为一个一般概念，它包含了许多个别的形式。甚至连国有制也是一个一般概念，它也包含了许多个别的形式。我们认识到这一点以后，明确提出"探索公有制特别是国有制的多种有效实现形式"，也就打开了新的局面，让国有企业焕发了新的活力。

二、由认识个别到认识一般
——从小孩喊第一声"妈妈"说起

一个刚刚出生的婴孩，首先接触的是自己的母亲，在母亲的抚爱、哺乳中成长，他首先认识的是自己的母亲。随着发育成熟，他学会的第一句话就是"妈妈"。他说的"妈妈"是具体的、特殊的、他的妈妈。当孩子渐渐长大懂事，他对妈妈的认识丰富了，也抽象了，逐步认识到"妈妈"是一切孩子母亲的统称。随着他长大成人，对妈妈认识的范围、内涵更为扩展、更为深化，进一步认识到"祖国是我的母亲、党是我的母亲"，对妈妈的认识就更抽象、更一般、更普遍了。他可以使用妈妈的一般概念去对比认识一个一个具体的事物了。

毛泽东在《矛盾论》中指出：就人类认识运动的秩序说来，总是由认识个别和特殊的事物，逐步地扩大到认识一般的事物。人们总是首先认识了许多不同事物的特殊的本质，然后才可能更进一步地进行概括工作，认识诸种事物的共同的本质。当人们已经认识了这种共同的本质以后，就以这种共同的认识为指导，继续地向着尚未研究过的或者尚未深入研究过的各种具体的事物进行研究，找出其特殊的本质，这样才可以补充、丰富和发展这种共同的本质的认识，而使这种共同的本质的认识不致变成枯槁的和僵死的东西。这是两个认识过程：一个是由特殊到一般，一个是由一般到特殊。人类的认识总是这样循环往复地进行的，而每一次的循环（只要是严格地按照科学的方法）都可能使人类的认识提高一步，使人类的认识不断地深化。由个别到一般，再由一般到个别，这一认识秩序和过程的辩证法，是马克思主义认识论的辩证法精髓，是指引人们认识真理并获得实践成功的正确途径。

辩证法是活生生的、多方面的。它既是客观事物的辩证法，也是人的认识、思维和实践的辩证法。马克思主义认识论与形而上学的唯物主义认识论相比之所以具有无比丰富的内容，一个重要区别就在于它把辩证法引入了认识论。

形而上学唯物主义认识论的根本缺陷，是不能把辩证法应用于反映论，应用于认识的过程与发展。它把人的认识看作消极的、直观的、个别的、经验的，不能够实现从个别到一般、从感性到理性的跃迁；唯心主义认识论则是把认识的某一特征、方面、侧面、阶段片面地、夸大地发展为脱离了物质、脱离了自然的、神化了的绝对的东西。

　　人们认识客观事物，从事实践，应当如何正确处理个别与一般的关系，应当沿着什么样的认识秩序和路数去认识真理并取得实践的成功呢？马克思主义认识论从更高层面和更大跨度上概括了个别与一般的认识辩证法。

　　由认识个别到认识一般。

　　人的思维具有从个别上升到一般的本领。但是，如果不加限制，也可能得出荒唐的结论，在实践中招致灾难。被马克思称为"英国唯物主义和整个现代实验科学的真正始祖"的培根（Francis Bacon，1561—1626 年）认为："决不能给理智加上翅膀，而毋宁给它挂上重的东西，使它不会跳跃和飞翔。"[10] 这种说法未免过分，但确实应该为理智制定一定的规则，使其合乎规律地飞翔。为此，培根明确地提出了系统的经验归纳法。他说："既然有这样大量的特殊事物的队伍，而这个大队伍又是这样地分散，使理智迷惑混乱，只凭理智打小仗，进行小的攻击，只凭它的散漫运动，就不会有多大的希望：要想有希望，只有借助于适当安排好的并且看来富于生气的'发现表'，把一切与所研究的问题有关的特殊事例调动和排列起来，使人的心灵在这些表适当准备好和消化过的帮助之下来进行工作。"[11] 培根的归纳法是由个别、特殊推导出一般概念、一般公理的逻辑方法，这种方法就是在大量的经验材料的基础上进行概括，以便"从感觉与特殊事物把公理引申出来，然后不断地逐渐上升，最后才达到最普遍的公理"[12]。

培根的归纳法可以分为三个步骤：第一步：收集材料。按他的说法，就是准备一部充足、友善的自然和实验的历史。由此提供的大量材料是全部工作的基础。第二步：按照三种"例证表"整理材料。这三种例证表是：1."具有表"，即具有所要考察的某种性质的例证；2."接近中的缺乏表"，即情形近似却没有所要考察的某种性质的例证；3."程度表"，即按不同程度出现所要考察的某种性质的例证。这样，就不仅考察了正面的例证，而且也考察了反面的例证，不同程度地表现出某种性质的例证，从而避免常用的列举法的片面和轻率。第三步：对三类材料进行分析比较，把无关和非本质的东西排除掉，然后把"一般"即事物的本质和规律发现出来。培根的归纳方法注重从个别上升到一般过程中的慎重和严密，反对中世纪流行的轻率的推理。

从个别上升到一般的方法是多种多样的。培根的归纳法同"由认识个别到认识一般"不完全是一回事，归纳法有其局限性。恩格斯在《自然辩证法》中多次说明"凭观察所得的经验是决不能充分证明必然性的"，"归纳法没有权利要求充当科学发现的唯一的或占统治地位的形式"[13]。爱因斯坦（Einstein，1879—1955 年）对归纳法也有类似的批评。爱因斯坦的相对论就不是归纳出来的。培根讲的归纳法并没有达到马克思主义认识论"由认识个别到认识一般"的水平。当然，归纳法也有合理的成分。除传统的归纳法以外，还有分析、综合和概率归纳以及类比等方法。现在许多关于人类疾病的病因的结论就是通过统计，了解因某种原因而发生或治愈某种疾病的概率而得出的。类比也是从个别上升到一般的有效方法。例如，有人根据城市消防的经验和方法，推导出大面积防火的一般方法，并有效地运用于森林防火，就是采取了这种方法。

由认识个别到认识一般飞跃的条件。

由个别到一般的认识过程，实际上是在实践基础上实现由感性认识到理性认识的飞跃。要想实现这样的飞跃，需要具备两个条件：一是大量的丰富的感性材料；二是要在此基础上进行科学加工。毛泽东用"去粗取精、去伪存真、由此及彼、由表及里"四句话精辟地概括了科学加工的方法。

与个别相对应的一般有两种含义：一是指事物之间在现象上的共同之点；二是指事物之间在本质上的共同之点，与必然性相等。作为"本质"的一般是在第二种含义上使用的。这就必须有"由表及里"的飞跃。这个飞跃非常复杂，往往使人感到迷惑。因为表达"一般"的那些概念、范畴、规律等等，并不能从对象中直接产生，是由人赋予的。认识到这一点，人的主体性就得到了高扬，但有人却因此否认理性认识是对客观对象的反映，得出了唯心论或不可知论的结论。也有人以神秘的"灵感"、"悟性"等来加以形容，反映论似乎被颠覆了。其实，这里只是一个如何反映的问题，而不是能不能反映的问题。正如列宁所说："认识是人对自然界的反映。但是，这并不是简单的、直接的、完整的反映，而是一系列的抽象过程，即概念、规律等等的构成、形成过程，这些概念和规律等等（思维、科学＝'逻辑概念'）有条件地近似地把握永恒运动着和发展着的自然界的普遍规律性。在这里的确客观上是三项：（1）自然界；（2）人的认识＝人脑（就是同一个自然界的最高产物）；（3）自然界在人的认识中的反映形式，这种形式就是概念、规律、范畴等等。人不能完全地把握＝反映＝描绘整个自然界、它的'直接的总体'，人只能通过创立抽象、概念、规律、科学的世界图景等等永远地接近于这一点。"14 很显然，抽象、概念、规律、科学的世界图景等是需要在一定条件的基础上通过发挥主观能动性创造出来的。没有主观方面的努力不行，没有一定的条件也不行。研究表明，即使是那些具有神秘色彩的灵感、直觉、悟性等，也需要事先有相当的积累才有可能在特定的条件下爆发。神秘感只在于人们对这些条件还缺乏充分的了解，不是违背规律凭空而来。

此外，概念、规律、范畴、图景要受到一定历史条件的制约。恩格斯早就指出："任何意识形态一经产生，就同现有的观念材料相结合而发展起来，并对这些材料作进一步的加工。"[15] 各种意识形态"总要包含某些传统的材料，因为在一切意识形态领域内传统都是一种巨大的保守力量。但是，这些材料所发生的变化是由造成这种变化的人们的阶级关系即经济关系引起的"[16]。人们头脑中发生的由个别到一般的认识思维过程，归根到底是由人们的物质生活条件决定的。这就把坚持唯物论的反映论原则与主观能动性的发挥很好地结合起来了。

三、由认识一般再到认识个别
——谈谈理论的指导作用

从个别到一般除了使对特定对象的认识得到深化以外，更重要的是为了"举一反三"，帮助认识新的个别。这就发生了从一般到个别的认识过程。

要实现从一般到个别的飞跃，首先要对一般有深切的了解。

　　理论，即对于一般的系统化的认识成果，除了自己在亲身实践中获得以外，更多的是要通过学习间接地获得。恩格斯早就说过："现代自然科学已经把一切思维内容都来源于经验这一命题以某种方式加以扩展，以致把这个命题的旧的形而上学的限制和表述完全抛弃了。它由于承认了获得性的遗传，便把经验的主体从个体扩大到类；每一个体都必须亲自取得经验，这不再是必要的了，个体的个别经验在某种程度上可以由个体的历代祖先的经验的结果来代替。例如，在我们中间，一些数学公理对每个八岁的儿童来说都好像是不言自明的，用不着通过经验来证明，这只是'累积的遗传'的结果。想用证明的方法向一个布须曼人或澳大利亚黑人传授这些公理，这可能是困难的。"[17]

　　随着社会的发展，学习这种间接得来的理性认识具有越来越重要的地位。马克思、恩格斯曾经指出，由于社会化程度低，"在历史发展的最初阶段，每天都在重新发明，而且每个地域都是独立进行的"[18]。在这种形势下，人类认识的发展十分缓慢，卢梭（Rorsseau，1712—1778 年）形容说："在这种状态中，既无所谓教育，也无所谓进步，一代一代毫无进益地繁衍下去，每一代都从同样的起点开始，许多世纪都在原始时代的极其野蛮的状态中度了过去；人类已经古老了，但人始终还是幼稚的。"[19]

　　人类社会发展从远古的蛮荒时代一路走来，历经农业社会、工业社会，直到今天的信息时代，状况已经发生了根本改变。今天，借助于电子计算机和网络技术，知识的宝库就在我们手边，只要我们勤于和善于学习，我们就能用人类最先进的认识成果武装自己，要实现从一般到个别的飞跃，首先应当充分利用人类创造的先进手段，充分吸取作为一般而存在的社会知识财富。

　　从一般到个别的飞跃是通过一般的指导作用帮助认识新的个别，即认识新的具体事物。

　　这种指导作用体现在可以提供正确的思路，帮助人们的认识沿着正确的方向发展。比如马克思主义的阶级斗争理论就起到了这样的作用。列宁说：“某一社会中一些成员的意向同另一些成员的意向相抵触；社会生活充满着矛盾；我们在历史上看到各民族之间，各社会之间，以及各民族、各社会内部的斗争，还看到革命和反动、和平和战争、停滞和迅速发展或衰落等不同时期的更迭，——这些都是人所共知的事实。马克思主义提供了一条指导性的线索，使我们能在这种看来扑朔迷离、一团混乱的状态中发现规律性。这条线索就是阶级斗争的理论。”[20]

　　中华民族是历史悠久的伟大民族，有五千年的辉煌历史，但在近代严重落伍了。一时间国家面貌千疮百孔，民不聊生。中华民族的优秀儿女为了救国救民，设想过各种各样的办法，诸如实业救国、教育救国、技术救国等等，都无济于事。直至找到马克思主义，才找到一条光明大道。毛泽东自己生动地描述了这一过程。他说："记得我在一九二〇年，第一次看了考茨基著的《阶级斗争》，陈望道翻译的《共产党宣言》，和一个英国人作的《社会主义史》，我才知道人类自有史以来就有阶级斗争，阶级斗争是社会发展的原动力，初步地得到认识问题的方法论。"但是，这些书里没有讲中国的事情该如何做，"没有中国的湖南、湖北，也没有中国的蒋介石和陈独秀"，因此，毛泽东说，他看这些书，只取了四个字："阶级斗争。"[21] 按说，我们是要找到解决中国当时的问题的办法，既然书中没有讲中国的事情该怎么做，为什么还要如获至宝，那么重视它呢？就是因为它抓住了社会发展的本质，指明了认识和解决中国当时的问题的正确的、有效的方法。

要实现从一般到个别的飞跃，要真正解决问题，固然离不开正确理论的指导，但更重要的还在于，在一般理论的指导下，深入研究具体的认识对象。

马克思主义传入中国后，有的人不理解它、抵制它，甚至认为中国不存在阶级和阶级斗争，马克思主义不适合中国国情；也有人满足于一般结论，或者照搬照抄别人的具体做法，既不能把别人做法中的一般与个别分开，更不善于把一般与自己的个别结合起来，结果只能在实际行动中碰壁。

毛泽东在得到马克思主义的真理以后，在一般指导下，在个别分析上下功夫，开辟了中国革命的成功道路。毛泽东得到靠阶级斗争解决中国问题的明确结论后，就下功夫认真研究中国当时的阶级状况，写出了《中国社会各阶级的分析》，进一步明确了中国社会各阶级的实际状况和对待革命的态度，明确了中国革命的领导阶级、联合和团结的力量，明确了革命对象以及革命的基本策略。在尔后的革命实践中，逐步形成了指导中国革命的系统理论——毛泽东思想。在正确理论的指导下，中国革命取得了辉煌的胜利。可以说，中国革命取得成功的过程，就是运用马克思主义的一般真理指导中国革命的具体实践的过程。

从一般到个别的飞跃过程，既是一般理论发挥指导作用的过程，也是其正确性得到检验和进一步丰富、发展的过程。

任何理论，都是绝对真理与相对真理的统一，都有它的适用范围。即使是真理性的认识，若超出它的适用范围而到处硬套，也会走向其反面。同样是阶级斗争理论，在中国历史的不同时期，发生过完全不同的作用。在"文化大革命"中，全国各地的大喇叭里曾经反复广播一段毛泽东语

录:"马克思主义的道理千条万绪,归根结底,就是一句话:
造反有理。"可以说,这成了"文化大革命"的重要理论根
据之一。把这段话与前面我们引用过的那段话相比,可以发
现,它们说的基本上是一个意思。一个说,看了三本书,道
理一大堆,只取其四个字:阶级斗争;一个说,马克思主义
的道理千条万绪,归根结底就是一句话:造反有理。两段话
都是说要靠阶级斗争、革命斗争解决问题。道理是同样的道
理,但是用在不同时期,其结果却完全不一样。革命年代运
用它,取得的是辉煌胜利;已取得政权的"文化大革命"时
期运用它,得到的却是一场浩劫。总结正反两方面的教训,
应该得到的结论不是说这个理论错了,而是说要用在适当的
地方。真理超出它的适用范围,就会走向反面。

四、认识个别与认识一般相结合
—— "个别"与"一般"相结合的生动体现

2013 年 1 月 5 日,习近平在"新进中央委员会的委员、
候补委员学习贯彻党的十八大精神研讨班"的重要讲话中指
出,中国特色社会主义不是什么别的主义,而是科学社会主
义。这句话包含了"个别"与"一般"相统一的深刻道理,

科学社会主义是"一般"，即马克思主义关于社会主义的一般原理。中国特色社会主义是生长于中国具体国情、符合中国实际的"个别"，即把科学社会主义一般原理运用于中国实际而形成的中国道路、中国制度和中国理论。

中国特色社会主义就是个别与一般、个性与共性、特殊与普遍的统一，就是科学社会主义的"一般"与中国特色的"个别"有机结合的生动体现。社会主义的本质规定是共性、普遍、一般，中国特色是个性、特殊、个别；社会主义规定着中国特色，中国特色体现着社会主义。中国特色社会主义应具有社会主义的一般特征和规定性，若没有这些一般特征和规定性，拒斥科学社会主义的普遍原则，就不是社会主义；社会主义的一般特征和规定性又必须与国情、世情、党情、民情结合，否则，就找不到符合本国具体实际的社会主义建设道路，社会主义就不能落地生根。既要承认科学社会主义的普遍原则，勇于承担起在立足中国国情的基础上实现社会主义的历史责任，又要承认社会主义的特殊规律，走具有具体特色的社会主义道路。中国特色社会主义就是马克思主义科学社会主义的一般原理与中国具体国情实际相结合的产物。

实际上，世界上的任何事物都是个别与一般、个性与共性、特殊与普遍的统一体。在自然界，山、河、湖、江、海、平原、高原、盆地、沙漠……是一般，而庐山、黄河、太湖、长江、东海、华北平原、云贵高原、四川盆地、塔克拉玛干沙漠……又是个别，而庐山、黄河、太湖、长江、东海、华北平原、云贵高原、四川盆地、塔克拉玛干沙漠……的"个别"却包含着山、河、湖、江、海、平原、高原、盆地、沙漠……的"一般"，是"个别"与"一般"的统一。

把个别和一般结合起来，遵循从个别到一般、从一般再到个别的路数去认识世界，既符合客观事物的辩证法，也符合人类认识的辩证法，是认识世界、获得真知的不二门径。

从人类认识的秩序看，人们总是先认识个别的和特殊的事物，然后逐步扩大到认识一般的事物；总是先认识许多不同事物的特殊本质，然后进行概括工作，认识诸种事物的共同本质，并以关于事物的共同本质的认识为指导，进行新的实践，继续研究尚未研究或尚未深入研究的事物的特殊本质，丰富对事物共同本质的认识。我们既要认识具体事物的一般性、普遍性、共性，以发现事物运动发展的普遍的原因和普遍的根据；还要重视研究事物的个别性、特殊性、个性，以发现事物运动发展的特殊原因与特殊根据。只有通过实践，才能获得感性认识和理性认识；只有深入研究事物的特殊本质，才能充分认识事物的共同本质；而在认识了事物的共同本质之后，还要继续研究那些尚未深入研究的事物或新事物。马克思主义者不但要认识事物的个别性、特殊性、个性，还要认识事物的一般性、普遍性、共性。要懂得普遍性始终寓于特殊性之中，只有真正把握了事物的特殊性，才有可能揭示事物的本质，得出正确的结论；只有真正掌握了事物的普遍性，才有可能认识一个一个具体事物，并指导改变一个一个具体事物。

在个别与一般问题上，要坚持二者统一的辩证法，反对只讲个别不讲一般或只讲一般不讲个别的任何一种片面性。如果只懂得事物的个别性、特殊性、个性，不懂得事物的一般性、普遍性、共性，不能做概括提升的工作，不能把握事物普遍的本质和一般的根据，不能形成一般的、普遍的、共性的理论观点，满足于一孔之见和一得之功，甚至拒斥正确理论的指导，单凭局部的、狭隘的经验办事，就会犯经验主义的错误。如果只懂得事物的一般性、普遍性、共性，不懂得事物的个别性、特殊性、个性，不具体地研究具体的矛盾，不去认识和把握个别事物的特殊本质，这样的认识就是空洞的、抽象的，是不能解决任何问题的。如果机械地、简单照搬反映矛盾一般性、普遍性的理论，不将其与具体实际相结合，就会犯教条主义的错误。

坚持个别与一般、特殊与普遍、个性与共性的认识辩证法，是党和毛泽东反对主观主义特别是反对教条主义的经验总结。

从认识论上说，教条主义是由于颠倒了理论与实践的关系，一切从本本出发，而不是从具体的实际出发。从辩证法的角度来说，是割裂了事物的普遍性与特殊性的相互联结，只承认事物的普遍性，不承认事物的特殊性，拒绝研究特殊矛盾和特殊规律。

特殊性与普遍性、个性与共性的认识辩证法是马克思主义基本原理同中国实际相结合的重要哲学基础，是与教条主义进行斗争的锐利武器。

对具体情况作具体分析，是马克思主义的精髓、活的灵魂。高度重视事物的特殊性，认清中国的特殊国情和中国社会的特殊矛盾，是实现马克思主义与中国实际相结合的关键。共性与个性、绝对与相对的道理，是关于事物矛盾问题的精髓，不懂得它，就等于抛弃了辩证法。认识个别与认识一般的辩证关系的道理，同样是马克思主义认识论的精髓。

结　语

人的认识，是从个别上升到一般，又以一般指导个别的无限循环的辩证过程。个别与一般的结合，是马克思主义认识论的关键，是辩证思维的精髓，也是共产党人的基本思想方法。

注　释

1　《毛泽东选集》第二卷，人民出版社 1991 年版，第 534 页。

2　《马克思恩格斯文集》第 9 卷，人民出版社 2009 年版，第 500 页。

3　《列宁专题文集　论辩证唯物主义和历史唯物主义》，人民出版社 2009 年版，第 150 页。

4　《列宁专题文集　论辩证唯物主义和历史唯物主义》，人民出版社 2009 年版，第 150 页。

5　《列宁专题文集　论辩证唯物主义和历史唯物主义》，人民出版社 2009 年版，第 150 页。

6　《列宁专题文集　论辩证唯物主义和历史唯物主义》，人民出版社 2009 年版，第 150 页。

7　《列宁专题文集　论辩证唯物主义和历史唯物主义》，人民出版社 2009 年版，第 151 页。

8　《马克思恩格斯文集》第 9 卷，人民出版社 2009 年版，第 500 页。

9　冯友兰:《三松堂自序》，生活·读书·新知三联书店 1984 年版，第 278 页。

10　转引自夏基松:《现代西方哲学教程新编》，高等教育出版社 1998 年版，第 1 页。

11　培根:《新工具》，见北京大学哲学系外国哲学史教研室编译:《西方哲学原著选读》上卷，商务印书馆 1981 年版，第 359—360 页。

12　培根:《新工具》，见《西方哲学原著选读》上卷，商务印书馆

1981 年版，第 358 页。

13 《马克思恩格斯文集》第 9 卷，人民出版社 2009 年版，第 492 页。

14 《列宁专题文集　论辩证唯物主义和历史唯物主义》，人民出版社 2009 年版，第 136—137 页。

15 《马克思恩格斯文集》第 4 卷，人民出版社 2009 年版，第 309 页。

16 《马克思恩格斯文集》第 4 卷，人民出版社 2009 年版，第 312 页。

17 《马克思恩格斯文集》第 9 卷，人民出版社 2009 年版，第 539 页。

18 《马克思恩格斯文集》第 1 卷，人民出版社 2009 年版，第 560 页。

19 卢梭《论人类不平等的起源和基础》，商务印书馆 1962 年版，第 106—107 页。

20 《列宁专题文集　论马克思主义》，人民出版社 2009 年版，第 15 页。

21 《毛泽东文集》第二卷，人民出版社 1993 年版，第 378—379 页。

从群众中来，到群众中去

——党的根本认识路线

从群众中来，才能形成正确的认识；到群众中去，才能将正确的认识转化成群众的行动、才能在群众行动中检验和发展自己的认识。

群众观点，既是历史观的根本观点，也是认识论的根本观点。群众路线，既是党的根本工作路线，也是党的根本认识路线。一切为了群众，一切依靠群众，从群众中产生，再回到群众中去贯彻，同从实践到认识，又从认识到实践，由个别到一般，再由一般到个别是一致的，是工人阶级政党必须遵循的马克思主义认识路线。

一、一切真知灼见来自人民群众实践
——小岗村率先实行联产承包责任制的启示

小岗村位于凤阳县东部的小溪河镇，"大包干"前隶属于梨园公社，当时仅仅是一个 20 户、115 人的生产队，以"吃粮靠返销、用钱靠救济、生产靠贷款"的"三靠村"而闻名。1978 年 11 月 24 日晚上，小岗村的 18 户农民，勇于打破旧的生产关系具体形式的束缚，冒着坐牢的危险，实行联产承包责任制，揭开了我国农村改革的序幕。在大包干协议书上，小岗村18位农民明确写明：收下粮食后，首先交给国家，保证国家的，留足集体的，剩下都是自己的；如果队干部因为分田到户而蹲班房，他家的农活由全队社员包下来，还要把小孩养到18岁。他们以"托孤"的方式，冒险在土地承包责任书上按下鲜红手印，实施了"大包干"。这一"按"竟成了中国农村改革的第一份宣言，它改变了中国农村发展史，掀开了中国改革开放的序幕。小岗人创造出了"敢想敢干，敢为天下先"的小岗精神，小岗村也由普普通通的小村庄一跃而为中国农村改革第一村。

1982年中央一号文件中指出："目前实行的各种责任制，包括小段包工定额计酬，专业承包联产计酬，联产到劳，包产到户、到组，包干到户、到组，等等，都是社会主义集体经济的生产责任制。不论采取什么形式，只要群众不要求改变，就不要变动。"这个文件对包产到户、包干到户是社会主义集体经济的界定，彻底地解决了人们对包产到户、包干到户的后顾之忧，促进了联产承包责任制在全国广泛推行，极大地解放了中国农村的生产力。

小岗村实行联产承包责任制，在长期实行的高度集中统一的计划经济体制上扯开了第一个缺口，开了农村改革的先河。小岗村人的勇敢实践，表明人民群众的创造力是无限的，人民群众的实践是智慧的源泉，人民群众是推动社会发展的根本动力。坚持群众路线，密切联系群众，是中国共产党的一贯主张和政治优势，是中国共产党领导人民取得革命、建设和改革发展事业胜利的法宝。群众路线，既是党的根本工作路线，同样也是党的根本认识路线。中国共产党人的一切正确主张必须遵循马克思主义的认识路线：一切依靠群众，一切为了群众；从群众中来，到群众中去。

人民群众是社会历史的活动主体，一切依靠群众。

马克思主义认为，人民群众是推动社会发展的决定性力量。社会历史发展的规律和趋势，就蕴藏和体现在人民群众的利益、意志、愿望和要求之中，蕴藏和体现在人民群众创造历史的活动之中，大势所趋与人心所向是一致的。马克思主义一贯强调："工人阶级的解放应该由工人阶级自己去争取"[1]，"在世界上，不论哪个地方哪个时候，群众要摆脱压迫和专横获得真正解放，无不是这些群众自己进行独立、英勇、自觉斗争的结果。"[2] 人民是历史的创造者，群众是真正的英雄。一切依靠群众、一切来自群众，是我们党永不枯竭的力量源泉。党的领导的任务，就是代表群众、宣传群众、组织群众，调动群众的积极性，依靠群众的力量和智慧，努力把群众的认识提高到党的路线、方针、政策的水平，善于把党的政策变为群众的行动，为实现群众的利益而斗争。

人民群众是社会历史的价值主体，一切为了群众。

共产党人的一切言论行动，必须以合乎最广大人民群众的最大利益，为最广大人民群众所拥护为最高标准。在我国，人民是国家和社会的主人，人民群众是价值主体，全心全意为人民服务是党的价值追求。社会主义的一切价值，归根到底是由人民创造的。中国共产党以全心全意为人民服务为根本宗旨，以立党为公、执政为民为庄严的价值承诺和价值取向。社会主义国家的制度、体制，是中国共产党领导人民并为了人民而建构起来的，其所蕴含和体现的价值属性与人民的愿望、利益、需求是一致的。人民群众作为价值主体，既是价值的享有者，同时也是价值的创造者。社会主义实践、制度所体现、追求的价值，是通过广大人民群众的实践而实现的。

人民群众是实践和认识的主体，从群众中来，到群众中去。

实践是认识的来源，而人民群众是实践的主体，因此，说到底，认识来源于人民群众的实践，一切真知灼见都源于人民群众的实践，群众同样是社会认识的主体。

——"从群众中来"，从认识论来讲，就是了解群众的实际问题，集中群众的经验和智慧，反映群众的利益、愿望和要求，上升为党的领导者的正确理论、路线、方针和政策，即上升为党的领导者的正确的认识和主张。"从群众中来"，就是善于深入到群众实践中，发现和总结群众实践经验，就是发扬民主、广开言路，听取群众的意见，包括反面的意见，善于从各种不同意见中、从群众的情绪中发现、总结，上升为正确的主张。有这样一件事，至今仍有启发意义。1942 年 8 月的一天，边区政府正在开征粮会议，天降暴雨，雷电交加，正在参加会议的延川县县长被雷电击死。当地老百姓中有人说怪话，讲雷公为什么不打死毛泽东？保卫部门要追查严办，毛泽东不让，说我们要想一想做错了什么事引起老百姓反感。经调查发现，当时陕北只有一百三四十万人口，一年却征收公粮 19 万担，老百姓不堪重负，强烈不满。于是，毛泽东提出不能这样办了，决定减少公粮征收，同时在部队开展大生产运动。结果受到群众的热烈拥护。这件事说明，认真听取群众意见，对于发现问题和解决问题，是非常有益的。必须以对群众高度负责的态度，客观反映实际情况，既听成绩也听问题，不能只报喜不报忧，更不能说假话，一切真知皆来自群众。

——"到群众中去"，从认识论来讲，就是把党的领导者的正确认识和主张转化为群众的实践，通过群众的实践达到改造客观世界的目的，同时检验和丰富党的领导者的认识和主张。凡是群众的实践证明是正确的，给群众带来利益、得到群众拥护的，就继续坚持；凡是群众的实践证明是错误的，给群众的利益带来损害、受到群众反对的，就坚决改正；群众的新的实践又积累新的经验，使党的领导者的意见得到进一步丰富和发展。坚持"到群众中去"，要认真听取群众的呼声，本着对群众负责的精神，坚持真理，修正错误，那种认为一经形成领导意见就绝对正确、不需任何修正和发展的想法和做法，是完全错误的。因为那样只能导致思想僵化、脱离群众、脱离实际，给党和人民的事业造成危害。坚持"到群众中去"，必须善于把党的理论、路线、方针、政策和办法转变成群众的自觉行动，动员群众，团结群众，发动群众，同心同德为实现党的主张而一起奋斗，同时要在群众实践中检验、修正、发展党的理论、路线、方针、政策和办法。

二、"从群众中来，到群众中去"
是马克思主义认识论
——从"摸着石头过河"到"顶层设计"

1980 年 12 月，在中央工作会议上，陈云（1905—1995 年）

讲话称："我们要改革，但是步子要稳。……随时总结经验，也就是要'摸着石头过河'……"³邓小平对陈云提出的"摸着石头过河"完全赞同。"摸着石头过河"，这是对中国改革开放经验的鲜活总结，也是善于通过群众的实践，探索、总结，蹚出一条正确路子的正确认识路线的通俗说法。从中国农村联产承包责任制的改革，到企业改革、城市改革，到科技、教育、文化、医疗卫生改革，到市场经济体制改革，再到政治体制改革、文化体制改革……一路走来，边实践，边探索，边总结，边推广，从而走出了一条社会主义改革开放的新路子，这充分证明了"摸着石头过河"观点的正确性。

关于中国社会主义市场经济体制改革的进程，也是一个"摸着石头过河"的"实践、认识，再实践、再认识"的不断深化的过程，也是"从群众中来，到群众中去"的不断探索的过程。改革开放之前，传统观念认为市场经济是资本主义特有的，计划经济才是社会主义的基本特征，我国实行的是高度集中的计划经济体制。改革开放以来，对计划与市场关系的认识逐步摆脱了传统观念的束缚。1979 年 11 月，邓小平会见美国《不列颠百科全书》副总编吉布尼（Gibney，1924—2006 年）时指出："说市场经济只存在于资本主义社会、只有资本主义的市场经济，这肯定是不正确的。社会主义为什么不可以搞市场经济，市场经济，在封建社会时期就有了萌芽。社会主义也可以搞市场经济。"⁴ 他认为，社会主义的市场经济方法上基本上和资本主义社会相似，但也有不同。之后，邓小平多次论述计划与市场的关系，强调重视和利用市场经济。1980 年 9 月五届人大三次会议《政府工作报告》提出"有计划的商品经济"。1981 年 6 月十一届六中全会提出："必须在公有制基础上实行计划经济，同时发挥市场调节的辅助作用。要大力发展社会主义的商品生产和商品交换。"1982 年十二大提出："正确贯彻计划经济为主、市场调节为辅的原则。"1984 年十二届三中全会提出："社会主义是公有制基础上的有计划的商品经济。"1990 年 12 月十三届七中全会提出："实行计划经济与市场调节相结合。"一直到 1992 年，邓小平提出"计划多一点还是市场多一点，不是社会主义与资本主义的本质区别。计划经济不等于社会主义，资本主义也有计划；市场经济不等于资本主义，社会主义也有市场。计划和市场都是经济手段"⁵ 这一精辟论断，表明我们党对社会主义市场经济的认识有了重大突破。十四大明确指出："我国经济体制改革的目标是建立社会主义市场经济体制"，"就是要使市场在社会主义国家宏观调控下对资源配置起基础性作用"。十六大提出："在更大程度上发挥市场在资源配置中的基础性作用。"十七大提出："从制度上更好发挥市场在资源配置中的基础性作用。"十八大进一步提出："更大程度更广范围发挥市场在资源配置中的基础性作用。"十八届三中全会决定明确指出："紧紧围绕使市场在资源配置中起决定性作用深化经济体制改革。""使市场在资源配置中起决定性作用和更好发挥政府作用。"通过群众探索、认识，再探索、再认识，发展到今天，形成社会主义市场经济这一成熟的重大创新理论。

坚持社会主义市场经济的改革取向，充分说明：正确的认识来自实践，来自群众。"摸着石头过河"，就是在群众实践中一步一步地从认识上弄清楚怎样做才对路子、才正确。通过不断探索，不断深化认识，才能把群众实践探索中的好做法、好经验逐步提升到路线方针政策层面。实践是千百万群众的实践，没有小岗村农民"摸着石头过河"的承包制改革探索，就不会有农村改革的巨大成功；没有千百万群众"摸着石头过河"的改革试验，就不会有今天全面改革的成功。从党的认识路线上来看，"摸着石头过河"就是从实践中来，从群众中来。

十八大以来，习近平多次强调"顶层设计"。所谓"顶层设计"，就是把从群众实践中总结出来的新鲜经验和成功做法，上升为党的主张，上升为党的方针政策和实施方案，再用来指导群众实践。"顶层设计"就是"从群众中来"，再"到群众中去"。从"摸着石头过河"到"顶层设计"，恰恰体现了我们党"从群众中来，到群众中去"的群众路线和党的根本认识路线。

我们党为什么要坚持"从群众中来，到群众中去"的根本认识路线呢？这是因为中国共产党是马克思主义政党，不同于历史上任何统治阶级集团，它没有任何一党私利，人民的利益就是党的利益。中国共产党的群众观点是马克思主义的基本观点。群众路线是中国共产党一贯奉行的政治路线。

中国共产党人把马克思主义的世界观、方法论创造性地运用于中国革命、建设和改革实践，总结革命、建设和改革实践经验，形成了在一切工作中的根本观点和根本工作路线——群众观点和群众路线。所谓群众观点，就是人民群众是历史的真正创造者、是推动社会前进的根本动力；一切从人民的利益出发，全心全意为人民服务；相信群众自己解放自己，向人民群众学习；干部的权力是人民赋予的，对党负责和对人民负责相一致；既要依靠群众又要教育群众等观点。所谓群众路线，就是一切为了群众、一切依靠群众，从群众中来、到群众中去的根本工作路线。

十八大刚刚召开不久，习近平就重提毛泽东与黄炎培在延安关于"历史周期率"的对话，告诫全党要懂得脱离群众、贪污腐败亡党亡国的深刻道理，要始终牢记群众观点和群众路线，亲自领导开展了党的群众路线教育实践活动。唐朝初年，魏征（580—643 年）上唐太宗（598—649 年）疏中说道："鱼失水则死，水失鱼犹为水也"，劝诫唐太宗不能离开老百姓。魏征的这个认识是很深刻的，"皇帝离开老百姓就要灭亡，而老百姓失去皇帝仍然是老百姓"。用今天马克思主义的话来说，就是不能脱离群众，脱离群众必亡，这是党的群众路线的实质。

党的群众路线最早提出于民主革命初期。从可以查到的资料来看，李立三（1899—1967 年）于 1928 年 11 月在同江浙地区党的负责人谈话时说："在总的争取群众路线之（下），需要竭最大努力到下层群众中去。"[6] 第一次使用了"群众路线"的提法。周恩来最早给群众路线提出了明确的含义。他在 1929 年 9 月主持起草的《中央给红四军前委的指示信》中谈到筹款工作时，强调"不要由红军单独去干"，而要"经过群众路线"。同年 12 月 14 日以中央通告第六十二号名义发布的《接受国际对于中国职工运动的决议案》中，提出要"建立群众工作路线"，强调"在一切运动和斗争中要运用群众路线去发动群众，组织群众的斗争。有了群众路线的建立，才能使党与群众建立广大而密切的关系，扩大党在群众中的活动和领导作用"。从此以后，"群众路线"的用语便经常出现在党的文献中。

一切为了群众、一切依靠群众，从群众中来、到群众中去，这是党的群众路线的完整表达，是党的根本工作路线和生命线。

在延安整风之后不久召开党的七大上，群众路线被正式写入党章。这一时期，群众路线实际上已经成为中国共产党在各项工作中依靠群众战胜各种艰难险阻、不断取得革命斗争胜利的一个重要法宝。刘少奇（1898—1969年）在七大上所作的关于修改党章的报告中，专门对群众路线进行了说明，指出：七大"在党章的总纲上和条文上，都特别强调了党的群众路线，这也是这次修改党章的一个特点。因为党的群众路线，是我们党的根本的政治路线，也是我们党的根本的组织路线。这就是说，我们党的一切组织与一切工作必须密切地与群众相结合"[7]。

邓小平指出，党的群众路线，包含两方面的意义：在一方面，它认为人民群众必须自己解放自己；党的全部任务就是全心全意地为人民群众服务；党对于人民群众的领导作用，就是正确地给人民群众指出斗争的方向，帮助人民群众自己动手，争取和创造自己的幸福生活。因此，党必须密切联系群众和依靠群众，而不能脱离群众，不能站在群众之上；每一个党员必须养成为人民服务、向群众负责、遇事同群众商量和同群众共甘苦的工作作风。在另一方面，它认为党的领导工作能否保持正确，决定于它能否采取"从群众中来，到群众中去"的方法。1961 年在《提倡深入细致的工作》一文中，邓小平又对群众路线的含义解释说："党的正确的路线、政策是从群众中来的，是反映群众的要求的，是合乎群众的实际的，是实事求是的，是能够为群众所接受、能够动员起群众的，同时又是反过来领导群众的，这就叫群众路线。"

1990 年十三届六中全会通过的《中共中央关于加强党同人民群众联系的决定》强调："历史经验反复证明，什么时候党的群众路线执行得好，党群关系密切，我们的事业就顺利发展；什么时候党的群众路线执行得不好，党群关系受到损害，我们的事业就遭受挫折。"

关于群众路线的地位和作用，毛泽东曾从马克思主义历史观、认识论、辩证法的高度进行精辟论述，十三届六中全会通过的《中共中央关于加强党同人民群众联系的决定》更是明确指出，党在长期斗争中创造和发展起来的一切为了群众，一切依靠群众，从群众中来，到群众中去的群众路线，是实现党的思想路线、政治路线和组织路线的根本工作路线，是中国共产党的优良传统和政治优势。

群众路线就是马克思主义的认识论。

1937 年，毛泽东在《实践论》中概括了人类认识发展的一般规律:"实践、认识、再实践、再认识,这种形式,循环往复以至无穷,而实践和认识之每一循环的内容,都比较地进到了高一级的程度。"[8]延安整风期间,毛泽东对党的群众路线从哲学认识论角度进行了科学概括,他在1943年写的《关于领导方法的若干问题》中指出:"在我党的一切实际工作中,凡属正确的领导,必须是从群众中来,到群众中去。这就是说,将群众的意见(分散的无系统的意见)集中起来(经过研究,化为集中的系统的意见),又到群众中去作宣传解释,化为群众的意见,使群众坚持下去,见之于行动,并在群众行动中考验这些意见是否正确。然后再从群众中集中起来,再到群众中坚持下去。如此无限循环,一次比一次地更正确、更生动、更丰富。这就是马克思主义的认识论。"[9]毛泽东的科学概括既是对党的群众路线的全面正确的表述,同时又是党的群众路线成熟的标志。毛泽东把群众路线提到马克思主义哲学的高度作了理论概括,认为群众路线同时就是马克思主义认识论,这一概括把马克思主义认识论、辩证法、历史观高度地结合起来了,是马克思主义认识论的中国经验的哲学总结和中国表述。

毛泽东上述两个论断讲的都是认识论,虽然具体表述不同,其实质是一致的。马克思主义认识论反映在认识过程上,表现为实践、认识、再实践、再认识的循环往复,因为一切真知来自实践；反映在认识主体和目标上，表现为从群众中来，到群众中去，因为马克思主义认识论所讲的实践主体、认识主体，都是指人民群众。离开人民群众的实践，不可能获得真知。离开人民群众的实践，党的正确主张也不可能转化为改造世界的行动。群众路线作为马克思主义认识论，体现了理论和实践的统一、过程和来源的统一、主张和效果的统一、方法和目的的统一。

群众路线是实现党的思想路线、政治路线和组织路线的根本工作路线。所谓根本工作路线，是指党的工作必须坚持的根本原则和根本方法，也是实现党的纲领的根本途径。所谓党的思想路线，是党必须坚持的根本思想方法和认识方法。我们党的思想路线是一切从实际出发，理论联系实际，实事求是，在实践中检验真理和发展真理。由党的根本宗旨所决定，实现这条思想路线，必须坚持走群众路线，即从群众中来、到群众中去。从群众中来，对马克思主义政党来说，群众生产、群众利益、群众生活、群众情绪，以及群众所思、所想、所盼、所愿、所需，任何时候都是最大的实际。党的理论、路线、方针和政策是否正确反映了客观事物的内在联系即规律性，是否符合广大群众的利益、愿望和要求，归根结底要看是否符合群众的实践需要、符合群众的利益要求，是否做到了一切为了人民，一切从人民的利益出发。从群众中来，必须从群众的利益出发，一切想着人民，一切为着人民，而要为了群众，必须依靠群众，一切正确的理论、路线、方针、政策都来自于群众的实践。而理论正确与否又要靠群众的实践来检验，要看群众赞成不赞成、拥护不拥护、答应不答应；到群众中去，党的正确的主张一旦产生，必须回到群众中间去，要发动群众、依靠群众，靠群众来检验，靠群众的力量来实现。从这个意义上来看，从群众中来，到群众中去，既是根本工作路线，也是根本的思想路线和认识路线，是马克思主义政党必须遵循的根本认识路线。

三、先当群众的学生，后当群众的先生
——毛泽东一生三次重大调研活动

实现"从群众中来，到群众中去"的认识路线，是一个向群众学习的过程。

既然认识来源于实践，人民群众又是实践的主体，那么，认识必须依靠广大群众的实践，这是任何人都取代不了的。这就要求我们党的一切干部必须向群众学习，做群众的学生。向群众学习必须有虚怀若谷、甘当群众小学生的态度，真正满腔热忱、诚心诚意地向群众请教，决不能居高临

下，盛气凌人。真正实现"从群众中来，到群众中去"，必须做到先当群众的学生，再当群众的先生。

马克思主义哲学之前的旧的哲学认识论，由于忽略了人民群众实践的作用，结果只能是或者寄希望于个别人的"天才"，或者乞灵于"全知全能"的上帝，好为人民群众之师，把群众看成一群无知的群氓。有人曾经试图研究大科学家、相对论发明者爱因斯坦大脑的脑容量，从而证明爱因斯坦是一个不同于常人的天才。[10] 实际上，辩证唯物主义者并不是一般地否认人的天分，即天才的存在，只是反对不讲一切条件、只讲天才的主观唯心主义"天才论"。马克思、恩格斯、列宁、斯大林之所以能够提出他们的理论，除了他们的天才条件之外，主要地是他们亲自参加了当时的阶级斗争和科学实验的实践，没有这后一个条件，任何天才都是不能成功的。要把群众的实践看作自己认识的源泉，不断地通过调查研究吸取群众的智慧，当好群众的学生。毛泽东的态度是一个真正的马克思主义者应该有的立场。他说："必须明白，群众是真正的英雄，而我们自己则往往是幼稚可笑的，不了解这一点，就不能得到起码的知识。"[11]

调查研究是向群众学习的基本形式，是领导干部获得正确认识的基本来源，是领导干部最基本的思想方法和工作方法。

要了解实际、获得真知、做好工作，就必须向人民群众作调查，深入实际，深入实践，深入群众，总结群众实践经验，吸取群众聪明智慧，反映群众利益诉求，以形成系统化、理论化的思想、观念、意见、思路。向群众学习，最基本的方法是迈开双脚，到群众中去调查研究。

如果说调查研究是做好领导工作的基本功，那么，深入人民群众的实践，则是调查研究的正确途径。若脱离人民群众及其实践，不能深入群众调查研究，我们就无法发现规律、获得新知，我们的思想就是空洞的，行为就是盲目的。调查研究是"从群众中来"、向群众学习的基本方法，是共产党人的一项重要领导方法。

正是由于高度重视调查研究，使毛泽东一步步走向辉煌的顶点。毛泽东时时、处处注意调查研究，向群众学习，因此而被称为"调查研究之父"，甚至连他的敌人都懂得毛泽东的这个特点、愿意向他学习。曾任国民党代总统李宗仁机要秘书的程思远曾经告诉毛泽东：一个国民党人对他说过，他也用毛泽东思想办事。他把毛泽东思想概括为两句话：调查不够不决策，条件不备不行动。

毛泽东一生中重大的调查研究活动有三次。第一次是在民主革命时期。为了抵制"左"倾教条主义的危害，形成正确的民主革命纲领和政策，毛泽东展开了大规模的调查研究工作。针对"左"倾路线"杀！杀！杀！杀尽一切反动派的头颅；烧！烧！烧！烧尽一切反动派的房屋"；把小资产阶级变成无产者，强迫他们革命；对中小商人以及兼为地主的工商业者都实行没收等错误的主张和政策，毛泽东选定地处闽、粤、赣三省交界处的寻乌，进行了二十多天的集中调查，然后又利用战争间隙，整理出了近十万字的报告《寻乌调查》，并在此基础上从哲学高度进行理论概括，写下了《调查工作》一文。后来，为了制定正确的土地政策，又进行了"永新调查"和"宁冈调查"，从而为克服"左"倾错误的影响、制定有别于苏联的土地政策及民主革命纲领，为夺取民主革命的胜利打下了坚实的思想基础。

第二次大规模的、系统的调查研究工作是在 1956 年。为了总结实施第一个五年计划期间取得的经验，为了吸取苏联的经验教训，寻找适合中国国情的建设道路，1956 年初，毛泽东和中共中央政治局的其他领导同志一起听取了中央工业、农业、运输业、财政等三十四个部门的工作汇报，详尽地了解了我国实施第一个五年计划的实际情况。在此基础上写出了《论十大关系》这一指导我国社会主义建设的重要著作。1956 年 9 月，毛泽东在与南斯拉夫客人谈话时说过："你们提到的《论十大关系》，这是我和三十四个部长进行一个半月座谈的结果。我个人能提出什么意见呢？我只是总结了别人的意见，不是我的创造。制造任何东西都要有原料，也要有工厂。"[12]

第三次大规模的调查研究是在 20 世纪 60 年代初，为了纠正自身工作中的错误而展开的。由于缺乏进行社会主义建设的经验，1958 年发动的"大跃进"和"人民公社"化运动造成了严重的消极后果，为了查明情况，纠正错误，毛泽东在党内重新大力倡导调查研究方法。他自己身体力行，于1961 年 1 月 26 日乘火车南下，经天津、济南、南京、上海、杭州、南昌、长沙，于 2 月 24 日到达广州，亲自集中进行了将近一个月的调查研究。在毛泽东的倡导和带动下，刘少奇、周恩来、陈云等中央领导同志纷纷深入基层，展开扎实的调查研究工作，发现和解决了一批问题，对于走出当时的困境起到了积极的推动作用。

毛泽东曾经在 1962 年召开的"七千人大会"上检讨过自己调查研究少了，给党的事业带来了损失。他说："去年六月十二号，在中央北京工作会议的最后一天，我讲了自己的缺点和错误。我说，请同志们传达到各省、各地方去。事后知道，许多地方没有传达。似乎我的错误就可以隐瞒，而且应当隐瞒。同志们，不能隐瞒。凡是中央犯的错误，直接的归我负责，间接的我也有份，因为我是中央主席。我不是要别人推卸责任，其他一些同志也有责任，但是第一个负责的应当是我。"¹³ 缺乏调查研究的盲目决策会给实际工作带来损害，没有调查研究的错误决定会造成实际工作的失败。"文化大革命"这场浩劫是多种原因造成的，其中离开调查研究、脱离中国的实际情况做出重大决策，也是一个重要原因。

"文化大革命"结束后，新一代领导人纠正"文化大革命"的错误路线和做法，坚持和恢复了实事求是的思想路线，坚持和恢复了党的群众路线，坚持和继承了调查研究的好传统。邓小平明确指出："毛泽东同志倡导的作风，群众路线和实事求是这两条是最根本的东西。"[14] 他说："我们搞四个现代化，因为经验不足，会面临多方面的困难"，会遇到许多问题，"这些问题，归根到底，只有相信群众，依靠群众，充分走群众路线，才能够得到解决。"[15] 改革开放新时期实行农村家庭联产承包责任制、发展乡镇企业、创办特区，推进城市改革，进行社会主义市场经济体制改革、政治体制改革、文化体制改革等，哪一项成功的改革都离不开事前周密的调查研究，都是发扬党的优良传统，认真贯彻群众路线的结果。

在改革开放新时期，从十一届三中全会，一直到党的十八大，我们党每一项重大决定、每一次重要决议都是在大兴调查研究之风的基础上做出来的。党的十八大以来，习近平大力倡导调查研究，并提出切实改进调查研究，以密切党群关系、干群关系，保持同人民群众的血肉联系，使我们党始终立于不败之地。他指出，领导干部下去调查研究，是为了掌握第一手材料。焦裕禄（1922—1964年）讲，吃别人嚼过的馍没有味道，就是说要掌握真实情况，形成真知灼见，以利于正确下决心、指导工作。他同时还严肃批评了调查研究搞形式主义、走过场的错误倾向。他说，现在调查研究好像还有一个"功能"，就是让别人知道我在调查研究，我在忘我工作，我在接触群众。而这个"功能"在一些人那里似乎渐渐变成了调查研究的主要功能，调查研究的本来目的倒变成次要的，甚至可有可无的了。有的下基层调研走马观花，下去就是为了出镜头、露露脸，坐在车上转，隔着玻璃看，只看"门面"和"窗口"，不看"后院"和"角落"。群众说是"调查研究隔层纸，政策执行隔座山"。有的明知报上来是假情况、假数字、假典型，也听之任之，甚至通过挖空心思造假来粉饰太平。脱离群众、脱离实际的变了味、走了样的"调查研究"，只能导致错误的认识、错误的决策，招致错误的后果。

不仅要重视调查研究，还要善于进行调查研究。

调查研究不但要有强烈的愿望，还需要有正确的调查研究方法。早在1931年4月2日，在毛泽东起草的《总政治部关于调查人口和土地状况的通知》中，就在"没有调查，就没有发言权"这个著名观点的基础上，进一步提出了"不做正确的调查研究同样没有发言权"的观点。在1930年5月写的《反对本本主义》一文中，毛泽东专门写了"调查的技术"一节，提出了具体的调查研究方法。

要想通过调查研究获得真实的情况，除了必须有诚意以外，还有许多值得注意的技巧。首先，要根据调查研究的需要找到适当的人。从总体上说，认识来自亲身从事实践活动的人民群众。具体而言，只有从事相应活动的人，才最有发言权。毛泽东调查研究的对象各种各样，都是根据调查研究的需要确定的。

毛泽东在20世纪30年代进行的调查研究是为了摸清各个社会阶层的状况和态度，以制定正确的方针政策。这种调查的对象，除了工人、农民外，还包括穷酸秀才、钱粮师爷、县衙狱史、商会会长、破产地主、学校教员等各式各样的人物。毛泽东说过，我们的主要目的，是要明了社会各阶级的政治经济状况。我们调查所要得到的结论，是各阶级现在的以及历史的盛衰荣辱的情况。举例来说，我们调查农民成分时，不但要知道自耕农、半自耕农、佃农，这些以租佃关系区别的各种农民的数目有多少，我们尤其要知道富农、中农、贫农，这些以阶级区别阶层区别的各种农民的数目有多少。我们调查商人成分，不仅要知道粮食业、衣服业、药材业等行业的人数各有多少，尤其要调查小商人、中等商人、大商人各有多少。我们不仅要调查各业的情况，尤其要调查各业内部的阶级情况。我们不仅要调查各业之间的相互关系，尤其要调查各阶级之间的相互关系。我们调查工作的主要方法是解剖各种社会阶级，我们的终极目的是要明了各种阶级的相互关系，得到正确的阶级估量，然后定出我们正确的斗争策略，确定哪些阶级是革命斗争的主力，哪些阶级是我们应当争取的同盟者，哪些阶级是要打倒的。我们的目的完全在这里。正是因为做了这样的调查研究，所以能够制定出正确的政策策略，在艰巨复杂的条件下取得革命斗争的胜利。

取得政权以后，身居高位的领导人往往不容易得到真实的情况。为了解决这个问题，毛泽东发明了一套特殊的方法。他让身边的警卫战士利用回乡探亲的机会，了解家乡各方面的情况。他要求担负起警卫工作的一中队成员，由全国各个专区来的战士组成，以便全面了解情况。他通过他们的汇报、他们写的调查报告以及他们与家乡的通信了解各方面的情况。他曾经对他的卫士张仙朋说：只要你们每两个月写一次信，把回信给我，我的消息就灵通了。

在 20 世纪 60 年代初的严重困难时期，一次，一名警卫战士探亲回来，给毛泽东带来了农民吃的糠窝窝头，并汇报说："俺们村里，这样的窝窝头，每人每天也只能分到两个。"毛泽东心情沉重地接过窝窝头，刚咬了一口，眼睛就红了，眼里闪着泪花。他让身边的人都尝一尝，说："这是农民吃的口粮！比比你们吃的饭，要将心比心啊！"正因为毛泽东能以各种方式了解真实情况，与人民群众心连心，所以，在遭遇罕见的困难局面时，全国人民仍能保持团结，万众一心，共同奋斗，顺利地渡过难关。

就总体而言，人民群众是真正的英雄。但具体而言，也会有各自的局限性，也会产生不同意见。只有正确地综合群众的意见，才能得出正确的结论。

正确的调查研究是很不容易做到的。毛泽东曾说过，他非常赞赏明代杨继盛（1516—1555 年）的两句诗："遇事虚怀观一是，与人和气察群言。"他说："我从年轻的时候，就喜欢这两句，并照着去做。这几十年的体会是：头一句'遇事虚怀观一是'，难就难在'虚怀'这两个字上，即有时是虚怀，有时并不怎么虚怀。第二句'与人和气察群言'，难在察字上面。察，不是一般的察言观色，而是虚心地体察，这样才能从群言中吸取智慧和力量。"体察，实际上是指在具体情景中体会所言，即在丰富的个别中深刻理解一般。这已属不易。而"虚怀观一是"则更不易。人往往自以为是，坚持自己的观点。因为观点是反复提炼后形成的，要改变，是一种理性层面的重新建构，需要在消化大量不同材料的基础上重新建构。

当今，情况已经发生了很大的变化。发达的信息技术使得反映实际情况、表达群众愿望的条件是前人所难以想象的。但是，在这样的条件下，深入群众，调查研究对于关心群众利益、了解真实情况、善于透过现象看本质、善于驾驭复杂情况，仍然是不可或缺的。

四、善于把党的理论路线化为群众行动
——怎样回答党校学员的一个问题

在党校的课堂上，学员提出了这样一个问题：我们中国共产党为什么要坚持马克思主义指导？美国等西方资本主义国家反对马克思主义指导，不也发展成为目前世界上生产力最先进的国家了，甚至成为超级大国。党校教员针对这个问题，做了这样一番回答：

我们党是一贯重视理论指导的党。要说明我们党为什么必须坚持马克思主义指导，必须从中国近代史，从中国共产党历史，从中国的实际国情说起。

116

1919年爆发的五四运动是中国近代史上的重大历史事件，其发生和发展受到处于十月革命爆发和社会主义革命前夜的世界局势的深刻影响，是世界近代历史和中国近代社会矛盾发展的必然结果，是中国人民大众同帝国主义、封建主义、官僚资本主义的社会主要矛盾激化的必然结果。辛亥革命以后，帝国主义国家日益走向腐朽和无产阶级革命方兴未艾的世界局势，以及旧中国继续延续甚至更加恶化的黑暗现实，特别是1914年爆发的帝国主义战争，使中国先进知识分子对资本主义制度及其思想武器产生了怀疑，认识到资产阶级的思想武器解决不了中国的问题，三民主义无法解救中国。

辛亥革命为什么失败？救中国的目的为什么达不到？到底什么思想武器能解决中国问题？十月革命的成功对中国先进知识分子产生巨大的震撼和影响，使他们开阔了眼界，认识到决定中国人民命运的不是资产阶级，不是资本主义，而是无产阶级，是社会主义。选择无产阶级作为领导阶级，选择无产阶级政党——中国共产党作为领导核心，选择社会主义作为中国革命的方向，这是中国国情所决定的。这就决定了中国共产党必须选择无产阶级世界观方法论——马克思主义作为指导思想。中国先进知识分子接受了马克思主义，开始在马克思主义中寻找答案，探索中国民主民族解放之路的思想方向发生了根本转折。他们冲破了资产阶级民主思想的藩篱，冲破了旧民主主义民主、科学、爱国主义的精神界限。当时各种思潮涌入中国，一时沉渣泛起，鱼龙混杂，有什么无政府主义、新村主义、合作主义、泛劳动主义、基尔特社会主义、社会民主主义等。李大钊（1889—1927 年）、陈独秀（1879—1942 年）、毛泽东、蔡和森（1895—1931 年）、恽代英（1895—1931 年）等一批中国先进知识分子，经过对各种社会主义思潮的反复比较，选择了马克思主义，把马克思主义作为指导中国革命成功的唯一思想指南。

中国近代史、中国共产党历史告诉我们，我们党的成立和发展的前途命运是同坚持马克思主义指导紧密相联系的，什么时候坚持马克思主义指导，什么时候就发展，否则就会受到挫折，就会失败，这是中国具体国情所决定的。

坚持马克思主义指导，这是一条根本的经验，也是一条根本的原则。坚持马克思主义指导，就必须善于与中国实际相结合，善于把党的理论转化为千百万群众的自觉行动。吸取和凝练群众的智慧，上升为党的理论，最终是为了正确指导群众的行动，以通过群众的实践实现群众的利益。因此，从群众中来，形成正确的认识，还须回到群众中去，变成群众的自觉行动。真正的领导，不但善于从群众中来，也要善于到群众中去，这才完成了完整认识，这才是一个全面正确的领导。

回到群众中去，从认识论上说，就是从认识到实践，从一般到个别的过程。回到群众中去，就是把从群众集中起来的正确的认识，从总结的群众实践经验而上升为理性认识的正确理论，用于指导群众的行动，转化为千百万群众自觉的运动。

回到群众中去需要解决好两个问题：一个是理论的正确性问题。理论要想征服群众、相信群众，首先必须做到让群众接受这个理论、坚信这个理论。再一个是理论的大众化问题。理论要掌握群众、为群众所接受，还要具有为群众所喜闻乐见的形式。

正确的理论要回到群众中去，必须同时具有群众所能接受的真理取向和价值取向，代表并体现客观规律和群众利益。

从理论上说，人类实践活动是有目的性的，也就是说，是有明确的价值取向的。但一段时间以来，有人却忽视了这一点。改革开放之初，继真理标准大讨论之后，理论界又展开了"目的是否包含在实践之中"的讨论。这个让一般人觉得有点费解的理论问题，却有着很大的理论和实践意义。经过讨论，大家一致地认识到，作为人的有目的的社会实践，实际上体现了客观事物的外在尺度和人的内在尺度的统一，二者是不能分开的。对理论正确性的判断，也须体现社会实践的外在尺度和内在尺度的一致性。

　　所谓外在尺度是指人的认识要与外界客观事物相一致；所谓内在尺度则是要符合人的主观方面的价值追求。在一个大学课堂上老师与学生曾发生了这样一场小小的争论。老师说，真理就是主客观的统一，与外界客观事物相一致的认识就是真理。一个爱抬杠的学生追问：小偷为了偷东西，事先踩好点，然后偷窃成功，算不算掌握了真理？这让老师有点为难：按他说的真理定义，应该说算。可是说小偷偷东西是掌握了真理，又觉得有点荒唐。其实这里混淆了两个东西：一个是认识论的真理观问题，主要解决主客观的关系问题；另一个是伦理学的价值观问题。小偷的问题不在认识论方面，而是在价值取向上损人利己，为人所不齿。中国共产党人坚持理论的正确性必须同时正确解决真理取向和价值取向问题。

　　正确理论的真理取向，是指正确的理论必须科学地反映客观事物的规律。而正确的理论的价值取向，则是指正确的理论必须代表并体现群众的利益需求。全心全意地为人民服务，一刻也不脱离群众，一切从人民的利益出发，而不是从个人或小集团的利益出发，向人民负责和向党的领导机关负责的一致性，这些就是我们的出发点。从群众的利益出发，一切为了实现群众的利益，这是中国共产党人一贯的立场，这也是党坚持的正确理论的价值取向。我们共产党人从群众中来、回到群众中去的目的是把党的理论转化为群众的实际行动，以引导群众实现自身的利益，这是由共产党人一切从人民利益出发的价值取向所决定的。

正确的理论要回到群众中去，还必须具有为群众所喜闻乐见的形式。

艾思奇的《大众哲学》之所以受到广大群众特别是青年的喜爱，原因之一就是因为他把令人望而生畏的哲学大道理变成了与人们的日常生活息息相关的生动的文字。这里就有一个文风问题。文章的内容是文章的实质，而文章的表达形式，即文风问题，也很重要。一篇文章内容很充实，但文风不好，引不起读者兴趣，也会影响读者对文章内容的接受。

文风问题在延安整风中受到特别重视。延安整风通过反对主观主义以整顿学风、反对宗派主义以整顿党风，还要通过反对党八股以整顿文风。党八股是主观主义和宗派主义的宣传工具和表现形式。犯有党八股毛病的人，不论是作报告、写文章，还是发指示、搞宣传，都空话连篇、言之无物、装腔作势、借以吓人，不看对象、无的放矢，与过去科举考试使用的八股文有某些相似之处。而它又以党的面孔出现，故而毛泽东称之为党八股。这种文风，窒息革命和创造精神、破坏马克思主义和党的形象，曾经给党的事业造成过很大的危害。

今天，在新的历史条件下，党八股文风又有新的表现，我们可以称之为新八股。新八股的具体内容虽然与过去的党八股有很大不同，但基本特征和危害与过去却有相似之处。由于今天的世界处于日新月异的变化之中，新八股尤为引人注目、令人生厌，其危害也更为突出。要使党的理论保持生机和活力，要使党的理论、路线、方针、政策真正为群众所接受、回到群众之中，必须反对新八股文风，真正实现党的理论大众化，以群众能接受的语言风格、话语形式，为群众所接受、所掌握，使党的理论真正入群众之耳、之心、之脑，成为群众的自觉行动。

回到群众中去，发动群众检验和丰富认识。

群众是认识的主体，一个认识是否正确，当然是群众最有发言权。党的理论和主张，只有回到群众中去，由群众判断是否符合实际，是否符合客观规律，是否符合群众的利益，才能证明它是否正确。所以邓小平说，群众满意不满意、群众赞成不赞成、群众高兴不高兴、群众拥护不拥护、群众答应不答应，是判断的标准，也正是在这个意义上说的。1958年推广和结束"大办食堂"的过程，就是一个很有教益的案例。本来，在农忙时搭伙在一起吃饭，是群众自发的行为，有一定的合理性。后来在大跃进中被大规模推广，并和"吃饭不要钱"一类"共产风"结合起来，实行的结果，负面作用越来越大。开始时，谁反对就给谁扣上"右倾机会主义"的帽子。后来，群众不满意、不高兴、不拥护，党经过深入的调查研究，认真听取群众意见，终于停止了这场荒唐的运动。

回到群众中去，在群众实践中深化和发展认识。

一个正确的认识，可以在群众实践中变得更加丰满、更加富有创新性。一个好的领导者，应当尊重和善于鼓励、发挥群众的积极性和创造性，而不应当以自己的想法取代甚至压制群众的积极性和创造性。也只有在群众创新性的实践中，才能进一步发展真理，完善真理。

五、坚持领导与群众相结合，以获取正确的认识
——既不搞命令主义，也不搞尾巴主义

坚持"从群众中来，到群众中去"的正确的认识路线，必须要正确处理领导和群众的关系，正确对待群众，密切联系群众，实现领导和群众相结合，这是获取正确认识的科学途径。

如何对待群众、怎样联系群众，存在两种错误的认识倾

向和工作作风：

一种是命令主义。具体表现为，站在群众上头，不顾群众的意愿与觉悟程度，指手画脚，强迫群众去干不愿干的事，或者干群众尚没有觉悟到必须干的事；对实际情况不了解、不关注，不愿深入困难艰苦地区，不愿帮助基层和群众解决实际问题，甚至不愿同基层和普通群众打交道，怕给自己添麻烦，工作上敷衍塞责、推诿扯皮、得过且过；不顾地方实际和群众意愿，凭领导者个人的主观愿望想问题、做决策，喜欢拍脑袋决策、拍胸脯表态，盲目铺摊子、上项目，大搞所谓的"政绩工程"、"形象工程"、"面子工程"，最后拍屁股走人，留下一堆后遗症；对上吹吹拍拍、曲意逢迎，对下吆五喝六、横眉竖目，门难进、脸难看、事难办，甚至不给钱不办事，收了钱乱办事；对待上级部署囫囵吞枣、断章取义，执行上级决定照本宣科，或者照猫画虎、生搬硬套，完全不顾本地本部门实际情况；官气十足、独断专行，老子天下第一，一切都要自己说了算，拒绝批评帮助，容不下他人，听不得不同意见；不愿意做耐心细致的群众工作，用行政命令强迫群众，把给群众办的好事办成烂事、坏事。

再一种是尾巴主义。具体表现为，怕得罪人，当老好人，太爱护自己的羽毛，不要原则，没有立场，满足、迁就、迎合落后群众的落后意见，保护落后；当进行某一项工作任务的条件已经成熟，群众的觉悟已经达到一定程度时，却对客观形势估计不足，对群众意见不加分析，盲目照办，把一部分落后群众的意见当作广大群众的意见，做了落后分子的尾巴，落在群众的后面；不深入群众调查研究，不了解群众的觉悟，群众已经跑到前面了，而自己却还在原地徘徊，抱残守缺。

实行领导和群众相结合，必须克服"命令主义"和"尾巴主义"两种错误的认识倾向和工作作风。

在一切工作中，命令主义是错误的，因为它超过了群众的觉悟程度，违反了群众的自愿原则，害了急性病。在一切工作中，尾巴主义也是错误的，因为它落后于群众的觉悟程度，迁就了部分落后群众违反了领导群众前进一步的原则，害了慢性病。从认识论上看，无论命令主义，还是尾巴主义，都是以主观与客观相分离、思想与实际相分离、领导与群众相分离为特征的。人民群众是历史的活动主体，群众的解放和利益要靠群众自己去争取。领导者的责任，是代表群众利益，反映群众意愿，集中群众智慧，形成正确决策，制定正确政策，启发、提高群众的觉悟，在群众出于自愿的原则下，组织、领导群众开展内外环境和现实条件所许可的一切必要的工作，实现好、维护好、发展好群众的根本利益。

——命令主义不顾群众的实际状况，在群众不同意、不接受或者还不觉悟时，硬性压着群众去干，超过了群众的实际意愿和需要。更为糟糕和有害的是，有时领导者的认识本身就是错误的，也强迫群众去干。有时客观上虽然有了为群众做某件事情的需要，有良好的愿望，而且做这件事情也是能够给群众带来利益的。但如果群众还没有觉悟，还不愿意做这件事，就要做说服教育工作，做典型示范和引导工作，直到多数群众有了觉悟，有了决心，看到了这件事的好处，才能带领群众去开展这方面的工作。在一切工作中，不要以为自己了解了的东西，群众也一样了解了。要善于宣传、组织群众，努力把群众的认识提高到党的路线、方针、政策的水平，善于把党的政策变为群众的行动。

——尾巴主义落后于群众的觉悟，对群众不正确的意见和行为，不给予教育和引导，而跟在群众后面照着办。许多时候，广大群众跑到我们的前头去了，迫切地需要前进一步了，我们的同志不能做广大群众的领导者，却反映了一部分落后分子的认识，并且将这种落后分子的认识误认为广大群众的认识，做了落后分子的尾巴。尾巴主义看起来很相信群众，实际上他们的思想已经落后于形势的发展和群众的觉悟程度，迁就群众中的落后认识。他们不是站在群众的前头领导群众，而是跟在群众后面拖群众的后腿。犯右倾错误的人，其思想方法和工作方法的毛病，往往出在这里。尾巴主义的典型口号是"群众要怎么办就怎样办"。1948年4月1日，毛泽东在《晋绥干部会议上的讲话》中指出："凡属人民群众的正确的意见，党必须依据情况，领导群众，加以实现；而对于人民群众中发生的不正确的意见，则必须教育群众，加以改正。"[16] 如果忽视了党应当教育群众和领导群众的方面，就助长了尾巴主义错误；顺应群众的落后觉悟，就违反了领导群众前进的原则，成为群众的尾巴了。

坚持"从群众中来，到群众中去"的认识路线，做到领导和群众相结合，获得正确的认识，必须既反对命令主义，又反对尾巴主义，必须发挥领导骨干和人民群众两个积极性。

只有领导骨干的积极性，而无广大群众的积极性相结合，便将成为少数人的空忙。如果只有广大群众的积极性，而无有力的领导骨干去恰当地组织群众的积极性，则群众积极性既不可能持久，也不可能走向正确的方向和提到高级的程度。高明的领导者必须善于发挥由积极分子组成的领导骨干的作用，密切联系群众，紧紧依靠群众，总结群众斗争经验，以正确的和坚定的路线与政策指导群众前进。脱离群众，搞孤家寡人，越俎代庖，是不对的；对于群众的实践放任自流，崇拜群众中的自发倾向，放弃指引群众前进的领导责任，也是不对的。

要坚持正确的群众路线和认识路线、克服命令主义和尾巴主义的错误，就要既"当人民群众的学生"，又"当人民群众的老师"。一方面，尊重、爱护群众，真正放下架子，虚心倾听群众呼声，竭力为群众谋利益，和群众打成一片，从群众中获取真知；另一方面，根据群众的思想实际，进一步启发和提高群众觉悟，党的决策一旦形成，就旗帜鲜明地领导群众展开实际工作。老师易当，学生难做。在实际工作中必须注意两点：一是当学生要真心实意，不能只做样子、作作秀、虚情假意。只有首先做好群众的学生，才能获取源源不断的智慧与力量。在群众面前，必须要有满腔的热忱、求知的渴望，真正放下架子，甘当小学生，才能了解实情、求到真知，增进感情，才能在做决策、抓工作过程中不偏不倚、不犯命令主义和尾巴主义的错误。二是当老师要循循善诱，力戒生硬粗疏。当今时代，人民群众的视野更加开阔，思想更加活跃，价值更加多元，观念更加自主。在工作中不能好为人师、急于求成，更不能简单粗暴、以权压人，而要以教育、说服为主，注重解决各种困难，既耐心构建价值认同、统一群众思想，又特别注重回应群众关心的问题，真正达到理顺情绪、化解矛盾、密切关系、凝聚力量、共同奋进的目的。

命令主义是急性病，尾巴主义是慢性病，两种病症一个病根，都是主观脱离客观、思想脱离实际、领导脱离群众，是党的群众路线和认识路线所不能容的东西，必须坚决加以摒弃。只要党员干部真正把群众放在第一位，问政于民、问需于民、问计于民，真心实意地为最广大的人民群众谋利益，这两种主义就不会在我们身上找到藏身之地，就会真正实现"从群众中来，到群众中去"，获得正确的、符合群众利益的认识。

坚持"从群众中来，到群众中去"的认识路线，做到领导和群众相结合，是一个发扬民主、在党的领导下加强民主建设的过程，只有充分发扬民主，才能获得正确的认识。

1962年1月30日，毛泽东在扩大的中央工作会议上指出：不论党内党外，都要有充分的民主生活，都要认真实行民主集中制。民主是集中的基础，如果没有民主，就不能集中正确的认识，不能正确地总结经验，不能制定出好的路线、方针和政策。他号召发扬党内民主，实行集体领导。只要是大事，就得集体讨论，认真听取不同意见，对复杂情况和不同意见加以分析，要想到事情的多种可能性，估计情况的几个方面，好的和坏的，顺利的和困难的，可能办到的和不可能办到的，尽可能慎重一些、周到一些。如果不是这样，就是个人专断、一人称霸。他教育领导干部虚心听取不同意见，学习礼贤下士、豁达大度、从谏如流的刘邦，不要学习刚愎自用、不能知人用人、不能虚心纳谏的项羽，否则，就要霸王别姬了。[17]

结　语

　　"从群众中来，到群众中去"既是党的群众路线，又是马克思主义认识路线。人民群众是认识世界、改造世界的主体。要正确地认识世界、有效地改造世界，必须实行"从群众中来，到群众中去"。从群众中来，才能形成正确的认识；到群众中去，才能将正确的认识转化成群众的行动，才能在群众行动中检验和发展自己的认识。"从群众中来，到群众中去"是我们党形成正确的理论、路线、方针、政策，并在实践中贯彻到群众中去加以实施的唯一正确的认识方法和工作方法。必须坚持"从群众中来，到群众中去"的认识路线，不断学习新的本领，增强新的能力，不断获取新的认识，既不落后于群众认识，又不超越于群众认识，以适应新的形势和新的要求、开创新的局面。

注　释

1　《马克思恩格斯文集》第3卷，人民出版社2009年版，第226页。
2　《列宁全集》第20卷，人民出版社1989年版，第143页。

3 《陈云文选》第三卷，人民出版社 1995 年版，第 279 页。

4 《邓小平文选》第二卷，人民出版社 1994 年版，第 236 页。

5 《邓小平文选》第三卷，人民出版社 1993 年版，第 373 页。

6 《关于建国以来党的若干历史问题的决议注释本（修订）》，人民出版社 1985 年，第 565 页。

7 《刘少奇选集》（上卷），人民出版社 1981 年版，第 342 页。

8 《毛泽东选集》第一卷，人民出版社 1991 年版，第 296—297 页。

9 《毛泽东选集》第三卷，人民出版社 1991 年版，第 899 页。

10 方亮：《切开列宁的大脑》，《青年参考》2011 年 5 月 20 日。

11 《毛泽东选集》第三卷，人民出版社 1991 年版，第 790 页。

12 《毛泽东文集》第七卷，人民出版社 1999 年版，第 128 页。

13 《毛泽东文集》第八卷，人民出版社 1999 年版，第 296 页。

14 《邓小平文选》第二卷，人民出版社 1994 年版，第 45 页。

15 《邓小平文选》第二卷，人民出版社 1994 年版，第 230 页。

16 《毛泽东选集》第四卷，人民出版社 1991 年版，第 1310 页。

17 参见《毛泽东著作选读》下册，人民出版社 1986 年版，第 820—821 页。

物质变精神，精神变物质

——马克思主义认识论的新表述

物质变精神、精神变物质，就是物质到精神、精神到物质，作为人类认识过程，与实践到认识、认识到实践，个别到一般、一般到个别，从群众中来、到群众中去，是内在一致的，讲的是一个道理。

"物质变精神，精神变物质"的"两变"思想，与马克思主义关于实践与认识辩证关系的基本原理相一致，全面概括了物质与精神的辩证关系，客观地表述了人类认识的辩证发展全过程，既是人类认识的唯物论新表达，又是人类认识的辩证法新表述。

一、马克思主义认识论新的简明概括
——从马克思主义的形成及其伟大作用看"两变"思想

　　1963 年 5 月，毛泽东在修改《中共中央关于目前农村工作中若干问题的决定（草案）》时，加了一大段关于马克思主义认识论的阐述，后来以《人的正确思想是从哪里来的？》为题发表。其中有这样一段话："一个正确的认识，往往需要经过由物质到精神，由精神到物质，即由实践到认识，由认识到实践这样多次的反复，才能够完成。这就是马克思主义的认识论，就是辩证唯物论的认识论。"[1] 这段话被概括为"物质变精神，精神变物质"的"两变"思想。毛泽东认为，对于物质可以变成精神、精神可以变成物质这样日常生活中常见的飞跃现象，有的同志觉得不可理解。因此，对我们的同志，应当进行辩证唯物论认识论的教育。[2] "物质变精神，精神变物质"同"从实践到认识，又从认识到实践"是一个道理两种表述。"两变"思想不仅反映了马克思主义认识论的实质，同时也是马克思主义认识论的新的简明概括，是对中国共产党领导人民进行革命、建设历史经验的哲学认识论总结。端正思想，调查研究，总结经验，克服困难，少犯错误，做好工作，一定要深刻理解辩证唯物论的认识论的"两变"思想，照辩证唯物论的认识论办事。

马克思主义的形成及其伟大历史作用生动体现了"物质变精神，精神变物质"的辩证过程。

19 世纪 40 年代的西欧，英、法、德等国家已经或正在实现产业革命，社会生产力和科学技术达到了前所未有的水平。资本主义生产的社会化与资本私人占有之间的内在矛盾，以及作为其阶级表现的工人阶级与资产阶级之间的矛盾日益尖锐。人类思想巨匠马克思、恩格斯，深刻总结这一时期资本主义的巨大的物质进步与深刻的社会矛盾，同时吸收、改造人类思想文化的一切优秀成果和前人的理论成果，创立了马克思主义。马克思在创立自己的哲学时宣称，在全人类解放事业中，解放的头脑是哲学，心脏是无产阶级。马克思主义把工人阶级作为自己的物质武器；而工人阶级则把马克思主义作为自己的精神武器。马克思主义作为人类先进的思想，是人类社会发展到一定阶段，有了大工业生产的物质基础，有了工人阶级的物质力量，又有工人运动的物质实践，有了新世纪科学技术的物质发展，正是在这样一个大的物质前提下，经过马克思、恩格斯物质大脑的加工而形成的。这一过程恰恰是"物质变成精神"的过程。

在马克思主义指导下，欧洲工人阶级反对资本主义的运动风起云涌，马克思主义与工人阶级的结合，转化为声势浩大的工人阶级改造旧社会的社会主义运动，这一过程又恰恰是"精神变物质"的过程。

进入 20 世纪，自由竞争资本主义为垄断资本主义所替代，社会物质生产力进一步发展，生产社会化的程度大幅提升，同时资本主义世界的矛盾愈益激化，工人阶级进一步壮大。帝国主义之间的矛盾激化引发了第一次世界大战。与此同时，科学技术进一步发展。在物质条件发生巨大变化的情况下，马克思主义传播到当时的俄国，与俄国的具体国情相结合。列宁顺应这一时代环境的变化，把马克思主义发展到列宁主义阶段。正是在马克思主义以及在帝国主义和无产阶级革命时代的马克思主义——列宁主义指引之下，俄国工农群众打碎旧沙俄帝国的锁链，俄国十月革命取得了成功，建立了世界上第一个社会主义国家。马克思主义由科学的理论变为活生生的现实。这一过程又是一个"物质变精神，精神变物质"的进程。

马克思主义一经掌握群众就会转变成巨大的物质力量。马克思主义传到中国，为中国共产党人和人民群众所接受、所掌握、所运用，彻底改变了旧中国的面貌。中国共产党人清醒认识中国国情，深刻把握中国革命规律，把马克思主义普遍原理与中国的实际相结合，与中国工农大众相结合，实现了马克思主义中国化，形成了毛泽东思想。在马克思主义中国化的理论形态——毛泽东思想的指引下，中国共产党领导人民，焕发出巨大的物质改造力量，取得了新民主主义革命、社会主义革命的胜利，建立了社会主义新中国，取得了社会主义建设的巨大成就，中国面貌为之一新，实现了"物质变精神，精神变物质"的转变和飞跃。

在改革开放新时期，在马克思主义、毛泽东思想指导下，中国共产党把马克思主义、毛泽东思想与中国改革开放实践相结合，实现了马克思主义中国化的伟大创新，形成了中国特色社会主义理论体系。在中国特色社会主义理论体系指导下，中国共产党领导中国人民开创、建设和发展中国特色社会主义事业，取得了举世瞩目的伟大成就，再次展现了"物质变精神，精神变物质"的现实辩证法。

纵观马克思主义诞生 170 余年的历程可以看出，马克思主义这一科学理论的诞生，及其对于世界共产主义运动、世界社会主义革命、建设的实践，对于中国社会主义革命、建设和改革事业的巨大指导作用，给整个世界、给中国社会带来的巨大变化，充分显示了"物质变精神，精神变物质"这一认识论原理的普遍性。科学社会主义运动以波澜壮阔的伟大实践生动地诠释了"物质变精神，精神变物质"的辩证唯物主义的认识论。

哲学讲的物质是指客观实在的一切事物，它应包括自然物质、社会物质，也包括人的肉体物质。哲学讲的精神则是物质世界长期发展的产物，是人脑的机能与属性，是人们在实践的基础上对客观事物能动的反映，是社会实践的产物。物质不依赖于人们的感觉而存在，但物质并非不可捉摸的神秘之物，人们在物质面前也不是无所作为的。人们可以通过社会实践认识客观实在的物质世界，形成对客观物质世界的正确认识，即精神，这是一个物质变精神的过程。人们以对客观世界规律性的认识为指导，去能动地改造客观物质世界，使客观物质世界发生改变，这又是一个精神变物质的过程。

所谓物质变精神，是指人们通过实践认识客观事物，产生感性认识并进而上升到理性认识，形成关于客观事物的感觉、知觉、表象以及理论、观点、主张，从而以观念的形式认识把握客观事物。

"物质变精神"是一个从客观到主观、从物到感觉和思想、从实践到认识的过程。人们在社会实践中从事各项斗争，有了丰富的经验，有成功的，有失败的。无数客观外界的现象通过人的眼、耳、鼻、舌、身这五个官能反映到自己的头脑中来，开始是感性认识。这种感性认识的材料积累多了，经过大脑的反复加工，就会产生一个飞跃，变成理性认识，这就是思想。人的正确思想不是从天上掉下来的，也不是自己头脑里固有的。人的正确思想，只能从社会实践中来。物质决定精神，社会存在决定思想观念。人类的认识秩序、进程是从客观到主观，从存在到思维，从物到感觉和思想，而不是相反。物质变精神，这是整个认识过程的第一个阶段，即由客观物质到主观精神的阶段，由存在到思想的阶段。承认物质变精神，就坚持了马克思主义认识论的唯物主义反映论。

所谓精神变物质，就是根据对客观事物之本质和规律的认识，在正确理论指导下，制定路线、政策、计划、方案、办法，将思想理论付诸人们的行动，转化成改造客观世界的物质实践，在实践中达到预想的目的，从而改变、改造客观世界，将精神的力量转化为物质的东西，变主观的东西为客观的东西。

毛泽东曾经以大理石为例，说明精神变物质的道理。大理石有许多种，有天然的大理石，有人造的大理石。为什么能够造大理石？是因为认识了大理石的化学构造，认识了大理石生成的化学过程，人就可以造出大理石，精神就可以变为石头。精神变物质的过程，不仅是精神反作用物质、理论指导实践、形成物质成果的过程，而且也是检验认识正确与否的过程。当处在物质变精神的认识过程的第一阶段，这时候的精神、思想、理论、政策、计划、办法等是否正确地反映了客观外界的规律，还没有得到证明，还不能确定其是否正确。只有进到认识过程的第二个阶段，即由精神到物质、由思想到存在的阶段，把第一个阶段得到的认识放到社会实践中去，检验这些理论、政策、计划、办法等是否能得到预期的成功，才能对人们的认识是否正确作出检验和判定。一般说来，成功了的就是正确的，失败了的就是错误的。人们的认识经过实践的检验，又会产生一个飞跃。这次飞跃，比起前一次飞跃来，意义更加伟大。因为只有这一次飞跃，才能证明认识的第一次飞跃，即从客观外界的反映过程中得到的思想、理论、政策、计划、办法等，究竟是正确的还是错误的，此外再无别的检验真理的办法。人们也只有经过由精神到物质的过程，才能最终达到认识的目的。因为人们认识世界的目的，只是为了改造世界，此外再无别的目的。承认精神变物质，就坚持了马克思主义认识论的辩证法。

物质变精神、精神变物质，就是物质到精神、精神到物质，作为人类认识过程，与实践到认识、认识到实践，个别到一般、一般到个别，从群众中来、到群众中去，是内在一致的，讲的是一个道理。

如果说由实践到认识、由认识到实践，重点展现了认识活动的路径，从个别到一般、从一般到个别，重点展现了认识活动的秩序，从群众中来、到群众中去，重点展现了认识活动的实践主体，那么，物质变精神、精神变物质则重点展现了认识活动的唯物辩证过程、客观内容与根本特征。它与哲学基本问题直接联系起来，从最根本、最实质的意义上表达了认识过程的物质性与精神性的辩证统一，既是对人类认识过程的本质性概括，又是对物质与精神同一性的辩证关系的生动表述。"物质变精神，精神变物质"只是一个哲学概括，并不是简单地说物质的东西可以像变戏法那样变成精神的东西，以及反过来说，精神的东西也可以像魔术那样变成物质的东西，不能这样简单化地、直观化地、庸俗化地理解"两变"问题。

马克思主义的发展历程说明，"物质变精神，精神变物质"是一个循环往复以至无穷的过程，是一个不断由低级向高级发展的过程。"物质变精神，精神变物质"又是一个复杂而困难的过程，往往要不断地试错，经历许多挫折、失败，才能最终取得成功。

如何正确地、自觉地对待错误，也是一个非常重要的认识论问题。1960 年 6 月 18 日，毛泽东写了一篇文章《十年总结》。中华人民共和国的成立，无疑是中国历史上的丰碑。新中国成立十年所做的工作，使整个社会面貌发生了翻天覆地的巨变，无疑是值得大书特书的。但对于这些丰功伟绩，毛泽东在这篇文章中没有讲。文章的基本内容却是对于错误的自我批评，包括对具体错误的检讨，还包括如何看待和对待错误的反思。

毛泽东在文章一开头说了两句话："前八年照抄外国的经验。但从一九五六年提出十大关系起，开始找到自己的一条适合中国的路线。"[3] 照抄别人或许可以避免自己犯错误，但这是一条走不通的路。走路总要从模仿别人起步，但决不能满足于此。这是中国共产党人在革命年代里花了很大代价得到的深刻教训。在建设时期，中国共产党人自觉地吸取历史的教训，努力走自己的路。但是，走前人从来没有走过的路，注定不会是平坦的，错误难以避免。关于如何对待错误，毛泽东有许多深刻的思考，他指出："错误不可能不犯。如列宁所说，不犯错误的人从来没有。""哪里有完全不犯错误、一次就完成了真理的所谓圣人呢？真理不是一次完成的，而是逐步完成的。我们是辩证唯物论的认识论者，不是形而上学的认识论者。"[4]

毛泽东的结论不仅来自理论的推导，也来自对亲身经历的深刻总结。1962 年 1 月 30 日，毛泽东在扩大的中央工作会议上说："从党的建立到抗日时期，中间有北伐战争和十年土地革命战争。我们经过了两次胜利、两次失败。""在民主革命时期，经过胜利、失败、再胜利、再失败，两次比较，我们才认识了中国这个客观世界。"他说："对于中国革命的规律，在一开始的时候就完全认识了，那是吹牛，你们切记不要信，没有那回事。过去，特别是开始时期，我们只是一股劲儿要革命，至于怎么革法，革些什么，哪些先革，哪些后革，哪些要到下一阶段才革，在一个相当长的时间内，都没有弄清楚，或者说没有完全弄清楚。"[5]

总结历史经验，是为了更好地解决今天的现实问题。毛泽东当时就说："我讲我们中国共产党人在民主革命时期艰难地但是成功地认识中国革命规律这一段历史情况的目的，是想引导同志们理解这样一件事：对于建设社会主义的规律的认识，必须有一个过程。"[6]

有人问，既然毛泽东知道有一个过程，他为什么还要犯错误呢？应该说，犯不犯错误，既有主观原因，也有客观原因。医生知道为什么会得病，怎样治病，但是不能保证自己不得病。因为他不能完全脱离得病的环境，也不能随意设定自己的身体状况。他的优势只在于，没有病自觉防病，有了病及时治病。伟人、党也是这样，完全不犯错误谁也做不到，"郑重的党在于重视错误，找出错误的原因，分析所以犯错误的客观原因，公开改正"[7]。

现在回过头来看，毛泽东当年对错误的具体认识是有局限的。但是他留下的对待错误的正确态度和方法，即马克思主义认识论的正确观点，指导我们党在实践中继续探讨和总结，开创了中国特色社会主义事业的崭新局面。

在对革命和建设认识规律的回顾和探讨中，如何对待错误和挫折的问题，特别值得我们深思。毛泽东说："土地革命战争曾经取得了很大的胜利，红军发展到三十万人，后来又遭到挫折，经过长征，这三十万人缩小到两万多人，到陕北以后补充了一点，还是不到三万人，就是说，不到三十万人的十分之一。究竟是那三十万人的军队强些，还是这不到三万人的军队强些？我们受了那样大的挫折，吃过那样大的苦头，就得到锻炼，有了经验，纠正了错误路线，恢复了正确路线，所以这不到三万人的军队，比起过去那个三十万人的军队来，要更强些。""我们更强了，而不是更弱了。"[8]

在社会主义建设时期，我们也经历过不少挫折，特别是"文化大革命"的挫折。经历过这些挫折以后，我们也得到了锻炼，有了经验，纠正了错误的路线，恢复了正确的路线，中国共产党也因此变得更加强大。邓小平指出："我们的现代化建设，必须从中国的实际出发。无论是革命还是建设，都要注意学习和借鉴外国经验。但是，照抄照搬别国经验、别国模式，从来不能得到成功。这方面我们有过不少教训。把马克思主义的普遍真理同我国的具体实际结合起来，走自己的道路，建设有中国特色的社会主义，这就是我们总结长期历史经验得出的基本结论。"[9]改革开放以来中国特色社会主义事业的新局面，充分证明了这一点，并将继续证明这一点。中国共产党人不断从错误和挫折中走出来，总结经验教训，指导实践，取得更大胜利的实践，不也是"物质变精神，精神变物质"复杂而困难过程的有力例证吗？

二、"物质变精神，精神变物质"需要一定的条件
——李贺诗句"少年心事当拏云，谁念幽寒坐呜呃"

李贺（790—816 年）是唐朝的一位杰出的浪漫主义诗

人，他的诗意态纵横，奇丽诡谲，体现了一种不屈不挠、愈挫愈奋、刚健有为、积极向上的精神风貌。毛泽东曾经称赞李贺为英俊天才，对于李贺的诗百读不厌。他多次圈画李贺的《致酒行》中"我有迷魂招不得，雄鸡一声天下白。少年心事当拏云，谁念幽寒坐呜呃"的诗句，以李贺胸怀凌云壮志、不懈追求理想为例，激励广大干部振作精神，破除迷信，充分发挥主观能动性，努力做好自己的工作。李贺诗句充分展示了精神力量的作用，正确的理念可以起到"雄鸡一声天下白"的作用。

物质可以变成精神，精神又可以变成物质，这是一个日常生活中常见的事实，也是人类长久以来一种不懈的愿望和追求。人的思想是从哪里来的？心里想的能不能变成现实？如何变成现实？做事情怎样才能如意？物质是怎样变成精神的？精神是如何变成物质的？精神本身又是如何形成的？物质变精神、精神变物质需要不需要条件？这些问题，都需要从马克思主义哲学认识论的高度加以回答。

精神依赖于物质，是物质"变"来的，物质决定精神，任何精神的形成都需要一定的条件，离开必要的条件，任何物质都是无法变成精神的。精神变物质也绝对离不开必要的条件，离开一定的条件，任何精神也不可能变成物质。

物质变精神，精神变物质，这个"变"极不容易，除了必要的客观条件外，如必要的物质条件（生产生活资料、认识工具、手段、设施、设备……）、必要的精神条件（前人的思想成果、科学研究成果、经验教训、个人认识水平……）、必要的社会条件（生产力的发展、经济基础的变化、政治变革、群众基础、阶级斗争……），特别要经过人的实践、经过在实践基础上人的头脑的加工改造。物质变精神是人类正确发挥主体能动性的结果，精神变物质也是发挥主体能动性的过程。但有人把物质到精神、精神到物质的必要条件忽略了，把人的主体能动性夸大了，这就必然得出主观唯心主义的结果。

说到"物质变精神，精神变物质"过程中人的主体能动性问题，必然涉及人的主体性问题。正确发挥人的主体能动性，即主观能动性，同样需要一定的条件。

谈到人的主体能动性，必然涉及对主体性的认识。我们所说的主体性，是指主体在利用、改造、再塑客体的社会实践和认识、评价客体的社会认知过程中，所表现出来的全部特殊属性。主体的主要特性是：

——**自然性**。主体并不是游离于自然界之外的超自然物，而是自然的产物，是自然界中特殊的一部分。主体是物质世界长期发展的产物，主体的肉体是由复杂的物质元素构成的实体，主体的能动性是物质反应性长期发展的结果。主体的心理与生理活动都有其自然物质基础。自然属性是主体的第一天然属性，主体的一切特性都是以自然物质性作为载体、前提和基础的。

——**实践性**。实践是主体的根本特性。人之所以成为主体，就在于人不是消极地、被动地单靠自然提供的条件和材料来维持生命活动，而是通过自身的社会实践活动，能动地改造外部自然社会以满足自身生存和发展的需要，并且在改造外部世界的过程中不断地改造完善自身。实践是人作为主体活动的基本形式，是主体能动活动的最主要、最集中的表现。

——**社会性**。人作为主体必定是社会主体，其社会认识和社会实践活动无不具有社会性。在阶级社会中，主体具有阶级性。主体的社会性、阶级性决定了主体的思想、决定了主体对客体的态度、决定了主体之间的关系。离开了社会性也就无所谓主体。

——**意识性**。人是有意识的，主体具有意识性。主体的意识以情感、意志、目的、理性思维等形式表现出来，使主体在活动中表现出一定的指向性、目的性和计划性，表现出主体对客体具有主动的反映性、思维性、控制性和创造性。主体的意识性一方面表现在主体的自我意识上，即主体能够认识到主体自身在整个世界中的地位和作用，认识到主体自身素质在认识和实践过程中的重要性；另一方面则表现在主体对客体的意识，即能够认识到客体的条件、规律以及客体涉及的内外诸关系。没有主体的意识性也就没有主体及其主体的活动。

——**主动性**。因为人是有意识、有目的、实践的人，所以主体在思想和行动上表现出一种主动的特性。所谓主动性，就是指主体不是被动地、消极地、无所作为地适应客体，成为客体的奴隶。相对客体来说，主体具有一种自由性、自主性、积极性、选择性和创造性。主体的自由性集中表现出主体对客体必然规律的认识和把握，表现出主体对客体对象的利用、改造和再塑，表现出主体自身自由全面发展的需求。主体的自主性就是指主体具有自我意识、独立思考、自我评价、自我反省、自我批评、自行调控、自我设计、自我规范的自主精神和自主能力。主体的积极性就是指主体在社会认识和社会实践中表现出积极进取、不甘现状的态度和劲头，为了维持和发展自身的需要，主体对客体采取一种积极认识、积极实践的态度和行为。在历史活动中，主体对历史活动、历史事件、历史发展趋向具有一定的选择能力。主体在对客体的认识、实践过程中表现出巨大的创造性，这种创造性突出表现在主体不是直观地、消极地、反射式地反映客体，而是积极地、能动地预见客体的发展趋势，突出表现为主体不是消极地、被动地适应客体，而是积极地、主动地改造、再塑客体，并在改造客体的过程中改造自身。

上述五个主要特性集中起来就是我们通常讲的主体能动性，主体能动性是主体的综合特征，是主体所表现出来的最突出、最集中的品质。恩格斯说："人同其他动物的最后的本质区别"，就是"一句话，动物仅仅利用外部自然界，简单地通过自身的存在在自然界中引起变化；而人则通过他所作出的改变来使自然界为自己的目的服务，来支配自然界"[10]。"如果说动物对周围环境发生持久的影响，那么，这是无意的，而且对于这些动物本身来说是某种偶然的事情。而人离开动物越远，他们对自然界的影响就越带有经过事先思考的、有计划的、以事先知道的一定目标为取向的行为的特征。"[11] 这种认识现实世界和支配、利用、改造、创造现实世界的特征，就是主体的能动性。主体能动性是一种自觉的能动性，是人之所以区别于动物的特点。

主体的自觉能动性主要表现为认识的能动性和实践的能动性两个方面。

——主体认识的能动性是通过人对客观外界的感性活动的能动性、理性活动的能动性而表现出来的。一方面，主体认识的能动作用表现为"从感性到理性"、"从理性到实践"

这两个能动的飞跃；另一方面，主体认识的能动作用通过感性活动也可以表现出来，如果仅仅强调了理性认识活动的能动作用，而忽视了作为认识初级形式的感性活动的能动性，那么就是片面地认识主体认识的能动性。现代西方哲学的某些流派歪曲唯物主义反映论，攻击唯物主义认识论主张感性活动的反映特征是消极的机械反映论。实际上，马克思主义认识论主张人的认识活动从始至终包括感性阶段在内都是一个能动的过程。

——主体能动性一方面通过主体的认识活动表现出来，另一方面，而且更重要的方面则通过人的实践活动表现出来。实践在本质上是一种创造性活动，主体实践的能动作用首先表现在人对自身生存的自然环境和社会环境的利用、改造上，其次表现为人对自身的改造上。主体实践的能动作用，还表现为它是主体认识的源泉、动力和检验标准。

主体性问题，说到底是主体能动性和客体制约性的关系问题，主体能动性的发挥能不能离开客体的制约和限制，怎样在客体制约前提下，最大限度地发挥主体能动性的问题。在实际工作中，这就是能不能坚持主观符合客观的唯物主义原则，坚持一切从实际出发、实事求是的思想路线问题。

讨论主体能动性和客体制约性的关系问题，必须反对忽视主体能动性和夸大主体能动性两种倾向，一定要避免走两个极端：一个极端是无视客体的制约性，过分夸大主体能动性，搞"精神万能论"、"唯意志论"，跌到主观唯心主义的泥坑里；另一个极端是过分强调客体的制约性，完全排除主体能动性，搞"宿命论"、"机械论"，倒退到旧唯物主义的形而上学的立场上。马克思主义哲学坚持主体能动性和客体制约性的辩证统一，坚决反对主体问题上的两个极端的错误倾向。有人错误地理解马克思《关于费尔巴哈的提纲》的精神实质，说《关于费尔巴哈的提纲》表明马克思主义哲学是主体性哲学。事实上，马克思绝无抬高主体能动性、贬低客体制约性的意向。马克思批评旧唯物主义"对事物……只是从客体的或直观的形式去理解……"，并没有肯定只从主体方面去理解事物。在主体能动性和客体制约性的关系中，客体的制约性是客观存在的，但在客体制约性面前，主体又不是被动的、消极的、无所作为的，而是积极的、主动的、能动的，即不是被"对象所设定的"、"受动的、受制约和受限制的存在物"，而是积极的、主动的、"能创造或设定对象的"、"能动的"存在物。当然，主体自觉的能动性是在一定的客体制约基础上才得以发挥。

怎样才能科学地认识、正确地发挥主体能动性呢？这就需要既坚持唯物主义基本原理，反对唯心主义，又坚持辩证的观点，反对把主客体机械地割裂开来、对立起来的形而

上学片面性，主张主体能动性与客体制约性的辩证统一。

在哲学研究中轻视主体的作用，看不到主体能动性，是机械唯物主义；脱离唯物主义前提，过分夸大主体的作用，是主观唯心主义。这两种倾向不仅会给理论界、学术界带来消极的影响，而且在实践中也会造成指导思想和指导路线上的偏差，从而给实际工作带来巨大的损失。斯大林时期，苏联哲学理论的机械唯物主义倾向，对苏联社会主义建设产生了一定的消极影响。比如，采取"肉体消灭"、"肉体惩处"的办法来搞肃反，忽视改善和提高人民的物质和精神文化生活，经济建设中重视重工业的发展方针，缺乏民主和法制等错误，恐怕与轻视主体性的哲学倾向不无关系。

在哲学指导思想上任意夸大主体能动性，反映到实际工作中，就会犯主观严重脱离客观的主观主义错误。在我们党的历史上，民主革命时期的"左"倾机会主义、冒险主义、盲动主义都是以过分夸大革命的主观条件，轻视革命的客观条件为根本特征的。在我国社会主义建设时期，曾多次出现过一再夸大主观能动性的错误倾向，一度给我们的社会主义经济发展蒙上阴影。"文化大革命"时期，林彪、"四人帮"一伙搞什么大批"唯生产力论"，搞什么"精神万能论"、"上层建筑领域革命论"，一度给中华民族带来巨大的灾难。十一届三中全会以来，通过批判唯心主义和形而上学，恢复实事求是的思想路线，我们的主观认识比较符合客观实际了。然而，过分夸大主观作用的错误却仍时有发生。

全部的问题不在于要不要发挥主体能动性，而在于怎样才能正确发挥主体能动性。马克思主义哲学所主张的主体能动性是符合客体的客观条件、客观规律的能动性，是建立在科学认识和正确把握客观条件、客观规律基础上的能动性，这种正确的、科学的主体能动性需要大力提倡。不断提高主体素质，提高主体的认识能力和实践能力，按照客观规律办事，是正确发挥主体能动性的关键。

要实现"物质变精神，精神变物质"，还必须处理好理性的认识与情感、意志等非理性的精神因素的关系。

恩格斯在《路德维希·费尔巴哈和德国古典哲学的终结》中，在分析自然界与人类社会的区别时曾指出："社会发展史却有一点是和自然发展史根本不相同的……在自然界中，全是没有意识的、盲目的动力，这些动力彼此发生作用，而一般规律就表现在这些动力的相互作用中。""在社会历史领域内进行活动的，是具有意识的、经过思虑或凭激情行动的、追求某种目的的人。"[12]毛泽东在八届二中全会上曾经讲过："人是要有一点精神的。"这里讲的精神也不仅是指认识，更是指艰苦奋斗的革命精神。没有这种精神，革命就不会成功，在今天的社会主义建设时期，仍然需要这样的精神。可

见，影响人的行动的，不仅有思想即人的理性认识活动，还
有"激情"即情感、意志等非理性的精神活动，忽视这一部
分非理性因素，便无法正确理解复杂的人的活动。

在人的精神领域，理性认识与非理性认识是相互影响
的。既能产生积极的影响，也可能产生消极的影响。平时人
们常常批评"感情用事"，认为这样可能会失去理智，干出
蠢事。在一些重大问题上更不能让感情蒙蔽了理智。然而，
我们讲共产党人要站在人民的立场上，要有对人民大众的深
厚感情。对人民的感情又是非常重要的，不爱人民、不爱祖
国的人不是合格的共产党人。邓小平曾深情地说："我是中
国人民的儿子，我深情地爱着我的祖国和人民。"[13] 讲的就
是共产党人对人民的感情问题。

情感等非理性因素不仅影响人的认识，对人的行动的影
响更加明显。一个人若是没有毅力，终将一事无成。要把一
些重大的认识付诸行动，就更是如此。不仅需要正确的世界
观方法论的指导，也需要毅力、决心和信心。中国唐朝大
诗人李白（701—762 年）年少时曾遇到过一个老婆婆在石
头上磨铁杵，好奇的李白问老婆婆在干什么，老婆婆说在磨
针啊，李白很惊讶，问这么大的铁杵怎么能磨成针呢？老
婆婆说："只要功夫深，铁杵磨成针。"这个故事深深地教育
了少年李白。李白成才，不仅有个人的天分，更有勤奋的学

习，勤奋离不开个人的毅力、恒心、决心和信心。

在我国改革开放新时期，形成"一个中心、两个基本点"的基本路线不容易，是长期探索的结果。但要在实践中坚持这条路线就更不容易了。邓小平生前曾一再讲到这一点："我们的政治路线，是把四个现代化建设作为重点，坚持发展生产力，始终扭住这个根本环节不放松，除非打起世界战争。即使打世界战争，打完了还搞建设。"[14] 这里用了两个很形象的词"扭住"、"不放松"，就是说要真正把党的基本路线坚持下来是不容易的。一般情况下，大家都承认发展生产力的重要性，一旦出现干扰因素，就有可能偏离这个中心任务。要坚持这个中心任务和战略目标，不仅要有正确的理论和路线指引，还必须有清醒的头脑和坚定的意志。1992 年，邓小平在离开领导岗位后的南方谈话中又特别强调了这一点："不坚持社会主义，不改革开放，不发展经济，不改善人民生活，只能是死路一条。基本路线要管一百年，动摇不得。"[15] 改革开放以来，我们国家能取得令世人瞩目的成就，正是坚定不移地坚持、贯彻党的基本路线的结果。

坚持重大战略需要坚强的毅力，需要坚持不懈的努力，需要发挥人的主观能动性。其实，做成任何事情都是如此。俗话说："简单的事能坚持到底就不简单"，也是这个道理。

三、在改造客观世界的过程中改造主观世界
——"打铁还需自身硬，绣花要得手绵巧"

中国有句俗话："打铁还须自身硬，绣花要得手绵巧。"意思是说，作为一个铁匠，要打出坚固耐用的铁器，必须有过硬的技术、体力；作为一名绣工，要绣出美丽的图案，必须要有灵活灵巧的手。人类要认识世界和改造世界，实现从物质到精神、从精神到物质的转化，就必须在改造客观世界的过程中改造主观世界，通过改造主观世界推动对客观世界的改造。

人类的认识过程，是认识世界和改造世界、改造主观世界和客观世界辩证统一的过程。

认识世界和改造世界是统一的，认识世界的目的不仅在于能够解释世界，更重要的在于改造世界；认识世界以改造世界为基础，改造世界以认识世界为指导。

人类改造世界的任务是双重的，即"改造客观世界，也改造自己的主观世界——改造自己的认识能力，改造主观世界同客观世界的关系"[16]。哲学讲的客观世界，包括自然界、社会以及作为客体的人自身。人们通过实践改造自然，创造物质财富，满足生存与发展需要；改造社会，破除阻碍社会进

步、束缚人的全面发展的权利的制度体制，创新、构建促进社会进步的制度体制，改造黑暗、落后的旧世界，建设进步、光明的新世界；改造作为客体的人自身，人既是改造世界的主体，又是改造世界的客体，人在改造世界的过程中，必须不断地改造自身，提高自身的体质素质，提高自身的认识能力。

改造自然，需要克服自然的抵抗力；改造社会，需要克服依附于旧的制度体制的压迫者、专制者、既得利益者的抵抗与反对；改造人自身，需要克服人自身的惰性和反能量。改造自然的实践，需要不断提高人对自然的认识能力和改造能力；改造社会的实践，无论对于经济制度和体制的改造，还是对于政治制度和体制的改造，都是利益关系的变动和调整，因而也是各个阶级、阶层和利益集团之间的斗争，都需要与逆历史而动的人进行斗争。在改造自然、社会和人自身的实践中，认识世界和改造世界的主体是人。人们在改造客观世界的过程中，认识了客观世界的规律，创造了物质财富，改革、创新、完善了社会制度，满足了自己追求真知、生存发展的需要，锻炼、增强、提升了自己的主体能力和素质，因而在改造客观世界的过程中人的主观世界也得到了改造。人为了更好地改造客观世界，要自觉主动地改造自己的主观世界。在改造客观世界和主观世界的过程中，主观世界与客观世界的关系也得到了改造。

能不能有效地改造客观世界，从一定意义上说，取决于对主观世界的改造。

要想更好地改造客观世界，必须改造好主观世界，提高认识世界、改造世界的本领。人们要改造客观世界，当然要认识客观世界，按照客观规律办事，这就决定人必须具备改造客观世界的素质和能力，并且在改造客观世界的实践中不断提高改造世界的素质、能力和水平，也就是具有良好的主体素质。人的素质包括要有完善的知识结构，有科学的认识方法、思想方法和工作方法，有正确的世界观、价值观和高尚的道德情感、崇高的理想、坚定的信念。

怎样才能提高认识世界和改造世界的本领呢？办法只有一个：学习。

一是向他人学习，通过书本和他人的经验学习；二是向实践学习，亲身参加实践，在实践中提高自身。人们通过学习而获得的道德、知识和本领，也是前人和他人在改造世界的实践中得来的。因此，无论向书本学习、向他人学习，还是向实践学习，归根到底，只有通过改造客观世界的实践，才能使人的主观世界也得到改造。

恩格斯曾经指出："自然科学和哲学一样，直到今天还全然忽视人的活动对人的思维的影响；它们在一方面只知道自然界，在另一方面又只知道思想。但是，人的思维的最本质的和最切近的基础，正是人所引起的自然界的变化，而不仅仅是自然界本身；人在怎样的程度上学会改变自然界，人的智力就在怎样的程度上发展起来。"[17] 非凡的人物、非凡的本领往往与非凡的经历联系在一起，对主观世界的改造离不开改造客观世界的实践活动。

在论及西方的文艺复兴时期时，恩格斯说："这是人类以往从来没有经历过的一次最伟大的、进步的变革，是一个需要巨人而且产生了巨人的时代，那是一些在思维能力、激情和性格方面，在多才多艺和学识渊博方面的巨人。"[18] 这些巨人都积极投身于伟大时代的伟大实践，"他们几乎全都置身于时代运动中，在实际斗争中意气风发，站在这一方面或那一方面进行斗争，有人用舌和笔，有人用剑，有些人则两者并用。因此他们具有成为全面的人的那种性格上的丰富和力量"[19]。比较之下，脱离实践的"书斋里的学者是例外：他们不是二流或三流的人物，就是唯恐烧着自己手指的小心翼翼的庸人"[20]。同样，在伟大的中国革命、建设和改革事业中，也涌现出一大批足智多谋、能力非凡的领袖人物和英雄模范人物。没有革命和建设的伟大事业，这些人物也是不可能出现的。

人除了生理的基因遗传以外，其后天获得的知识和能力主要是通过社会、通过文化传承下来的。人的个体的差异可以很大，个体一生中的改变也很大。其中的一个决定性的因素就是本人的学习能力及其发挥的差异，决定了知识和本领的巨大差异。随着社会发展的加快和人类知识的大量积累，学习的重要性更加明显。

20世纪末，一本题为《学习的革命》的书大行其道，这本书的副标题——通向21世纪的个人护照——点出了学习在我们这个时代的重要性。作者告诉我们，在今天这个信息时代，信息已经成为最宝贵的财富，而学习能力则成为最重要的能力。进入新世纪之后，这类观点越来越成为人们的共识。

尽管如此，通过学习获取别人的知识仍不能完全取代亲身实践的直接学习。首先，要想很好地接受别人的知识，也需要一定的亲身实践作为基础。在过去的革命年代，出现过这样的情况："读过马克思主义'本本'的许多人，成了革命叛徒，那些不识字的工人常常能够很好地掌握马克思主义。"[21] 就是因为他们的实际生活状况使得他们能够更好地理解和接受革命的道理。今天，在和平建设时期，我们也看到，许多只有书本知识、缺乏亲身实践的年轻人尽管读过许多书，实际的工作能力、管理能力常常显得薄弱，需要经过一段实践锻炼，才能更好地增长、发挥本领和才干。因为人类面对的具体的对象是无比丰富多彩的，再多的间接知识也无法穷尽它。我们都有这样的体验："百闻不如一见"。读了再多的书，听了再多的介绍，实际接触之后，还是会有许多新的感受。因此，学习间接的知识，并不能完全取代亲身实践的学习。

为了更好地改造客观世界，必须努力改造主观世界。而对主观世界的改造只有在改造客观世界的过程中得到实现。我们必须善于把改造主观世界与改造客观世界很好地结合起来。学习、学习、再学习，实践、实践、再实践，就是今天的时代对我们的要求。

结　语

"物质变精神，精神变物质"，是马克思主义认识论的重要观点，既坚持了认识论的唯物论，又坚持了认识论的辩证法，是二者的有机统一。正确的思想来自实践，要用于对实践的指导，要经过实践的检验。人们要在改造客观世界的同时改造自己的主观世界，并且通过主观世界的改造推动客观世界的改造。马克思主义者以改造世界为己任，以改造主观世界为必要条件，努力学习，以提升主体素质，提高主体的认识能力，以全部的智慧和力量，从理论和实践的结合上完成改造世界的根本目的。

注 释

1 《毛泽东文集》第八卷，人民出版社 1999 年版，第 321 页。

2 《毛泽东文集》第八卷，人民出版社 1999 年版，第 321 页。

3 《建国以来毛泽东文稿》（第九册），中央文献出版社 1996 年版，第 213 页。

4 《毛泽东文集》第八卷，人民出版社 1999 年版，197 页。

5 《毛泽东文集》第八卷，人民出版社 1999 年版，第 300 页。

6 《毛泽东文集》第八卷，人民出版社 1999 年版，第 300 页。

7 《毛泽东文集》第八卷，人民出版社 1999 年版，第 197 页。

8 《毛泽东文集》第八卷，人民出版社 1999 年版，第 299 页。

9 《邓小平文选》第三卷，人民出版社 1993 年版，第 2—3 页。

10 《马克思恩格斯文集》第 9 卷，人民出版社 2009 年版，第 559 页。

11 《马克思恩格斯文集》第 9 卷，人民出版社 2009 年版，第 558 页。

12 《马克思恩格斯文集》第 4 卷，人民出版社 2009 年版，第 301—302 页。

13 这是邓小平为英国培格曼出版公司出版的《邓小平文集》英文版写的序言，1981 年 2 月 14 日。

14 《邓小平文选》第三卷，人民出版社 1993 年版，第 64 页。

15 《邓小平文选》第三卷，人民出版社 1993 年版，第 370—371 页。

16 《毛泽东选集》第一卷，人民出版社 1991 年版，第 296 页。

17 《马克思恩格斯文集》第 9 卷，人民出版社 2009 年版，第 483 页。

18 《马克思恩格斯文集》第 9 卷，人民出版社 2009 年版，第 409 页。

19 《马克思恩格斯文集》第 9 卷，人民出版社 2009 年版，第 410 页。

20 《马克思恩格斯文集》第 9 卷，人民出版社 2009 年版，第 410 页。

21 《毛泽东选集》第一卷，人民出版社 1991 年版，第 111 页。

实事求是思想路线

——兴衰成败的决定性因素

贯彻实事求是思想路线，必须解放思想、与时俱进、求真务实，这是新时期贯彻实事求是思想路线的基本要求。

实事求是，是马克思主义认识论的中国特色、中国风格、中国话语的理论概括，是中国共产党的思想路线的核心概念，是中国共产党人思想和行为的基本准则。能否坚持实事求是，关系到党和人民事业的兴衰成败。

一、实事求是是中国经验的哲学总结
——从"修学好古，实事求是"到延安中央党校校训

中国共产党"实事求是"思想路线是对中国优秀哲学精华的继承和发扬。

在我国，实事求是思想传统源远流长。班固（32—92年）在《汉书·景十三王传》中，称河间献王刘德（？—前130年）"修学好古，实事求是"。这是中国古代文献中第一次出现"实事求是"一词。河间献王刘德，是汉景帝刘启

（前188—前141年）的第三个儿子，封河间王，都乐城（今河北献县东南）。汉景帝时吴楚等七国之乱、内宫储位之争，使献王刘德感叹儒道衰微、道德沦丧，于是在封地河间国内收集佚书，修兴礼乐，以期通过汇集并研究儒家典籍来振兴儒学。他每得到一本好书，就令人抄写一份送给原来的藏书主人，而将真本留下，并赐给献书者金帛。于是四面八方学问之士纷纷前来献书。他在河间封国内修建规模宏大的日华宫，内设二十余处馆舍，招待四方饱学之士。齐、鲁、燕、赵、代、魏等地的儒者数百人聚集于此，夜以继日地梳理、校勘收集来的儒家典籍，把整理好的儒家经典及礼乐制度保存下来并献给朝廷。"修学好古，实事求是"是班固对刘德的总评价。

唐代经学家颜师古（581—645年）把"实事求是"解释为"务得事实，每求真是"。清初唯物主义哲学家王夫之（1619—1692年）主张即事穷理、即物穷理，认为"有即事以穷理，无立理以限事"[1]，认为要从客观事物中探索规律和法则，而不能先设立一个法则去限制、裁定客观事物。曾国藩（1811—1872年）把"即事穷理"、"即物穷理"与"实事求是"结合起来加以论述，他说："夫所谓事者非物乎？是者非理乎？[2]实事求是，非即朱子所称即物穷理者乎？"实事求是作为为学做事、治国安邦的格言千古流传。

湖南长沙岳麓书院，创办于唐末五代，为中国四大书院之一。1914年，从德国留学归来的宾步程（1879—1943年）出任湖南公立工业学校校长，将学校迁到岳麓书院。他以"实事求是"为校训，激励学生立足客观实际，矢志追求真理，踏实做人做事。

1943年，延安中央党校修建了一座占地1200平方米、可容纳千余人的大礼堂。这座建筑物虽然雄伟宽敞，但大家总觉得少点什么。有人提议在正面挂个题词。一开始，请范文澜（1893—1969年）题写。但他试着写了几条，都觉得不满意。有人提议去找毛泽东，毛泽东欣然接受了党校同志的请求，挥笔写下了"实事求是"四个雄健潇洒的大字。镶嵌在大礼堂正面的"实事求是"的石刻，使这座建筑物顿添神采、熠熠生辉。"实事求是"遂成为党校的校训，也成为党的思想路线的马克思主义认识论中国化的高度概括。

党的思想路线是马克思主义认识论在中国共产党革命、建设和改革实践中的实际运用，是决定中国共产党事业成败的决定性因素。

党的思想路线就是一切从实际出发，理论联系实际，实事求是，在实践中检验真理和发展真理。实事求是，是党的思想路线的核心；一切从实际出发，是实事求是的前提；理论联系实际，是实事求是的必然要求；坚持在实践中检验真理和发展真理，是实事求是的根本保证。实事求是思想路线要求我们从实际出发，而不是从原则出发；从"实事"中求"是"，而不是自以为是；坚持理论联系实际，而不是理论和实际脱节；在实践中检验真理和发展真理，而不是凭本本、权力或主观的感觉与愿望来判定认识是不是真理。在民主革命时期，党和毛泽东倡导实事求是，反对唯书唯上的教条主义，走出了一条中国革命的正确道路；在社会主义革命和建设时期，党和毛泽东反复强调要坚持实事求是，探索符合中国国情的社会主义改造和社会主义建设道路；在改革开放新时期，我们党坚持和弘扬实事求是，开创了中国特色社会主义道路。当我们在经济建设中发生了急躁冒进、求成过急的失误后，党和毛泽东也是从世界观方法论入手解决问题，号召全党坚持实事求是，大兴调查研究之风；要求真务实，不能弄虚作假；要做老实人，说老实话，办老实事，不能务虚名而招实祸。

1985 年 9 月，加纳国家元首罗林斯（Rawlings，1974 年—　）访问中国，想了解和学习中国改革开放的经验。9 月 18 日，邓小平在人民大会堂接见他时，他当面恳请邓小平谈谈中国改革开放的经验，邓小平对他说："如果说中国有什么适用的经验，恐怕就是实事求是。也就是说，按照自己国家的实际情况来制定自己的政策和计划。"[3] 罗林斯访问中国受到不少启发，他感慨地说："西方人总是给你规定一个模式，只能照搬。但你们的邓小平说，千万不要照搬我们的模式，而是要实事求是。有几千年文明的国家才能讲出这样的话，这是一种西方远远不及的智慧。"邓小平对党的实事求是思想路线的极端重要性给予了高度的评价，认为实事求是，"是毛泽东思想的出发点、根本点"[4]，是"毛泽东思想的精髓"[5]，"是无产阶级世界观的基础"[6]，我们所取得的一切胜利，"是靠实事求是"[7]。

思想路线问题实质上就是思想方法问题、认识路线问题。

所谓思想方法，就是想事情、办事情采取什么样的态度、运用什么样的方法问题，是从实际出发，还是从本本出发。思想方法不同，对于理论的态度、对于实际的认识、对于是非的判断、对于善恶的评价、对于路线的选择不同，实践的结果也就不同。思想方法问题，在本质上是哲学问题。在一切工作中，看问题、想问题、解决问题，说到底是坚持唯物论、辩证法，还是坚持唯心论、形而上学，是坚持历史唯物主义，还是坚持历史唯心主义，是坚持辩证唯物主义认识路线，还是坚持唯心主义或形而上学唯物主义的认识路线的问题。思想方法问题就是思想路线问题、认识论问题。

思想路线正确与否，决定着事业的兴衰成败，决定着党的生死存亡。没有正确的思想路线，就不能实现马克思主义与中国实际相结合，不能制定和实施正确的战略策略，党就不能担负起领导人民前进的历史重任。在领导中国革命、建设的过程中，党的所有大的错误、全局性错误、根本性错误之所以发生，就是因为思想路线出了毛病。思想路线错了，政治路线、军事路线乃至组织路线就一定会出问题。中国的主观主义者"不从具体的现实出发，而从空虚的理论命题出发"，"不注意具体特点，妄把主观构成的东西当作特点"[8]。不具体分析事物发展的过程、阶段、条件、可能，用抽象、空洞的理论去指导实践。主观主义的思想路线、思想方法，是一切"左"的和右的错误的总根源。

为了防止"左"的和右的错误，实现马克思主义与中国革命实际相结合，就必须倡导和践行实事求是的思想路线。

1929 年 12 月，毛泽东在给红四军第九次党代会写的决议中指出：主观主义在某些党员中浓厚地存在，对于分析政治形势和指导工作都非常不利。因为对于政治形势的主观主义分析和对于工作的主观主义指导，其必然的结果，不是机会主义，就是盲动主义。为此，他主张使党员的思想政治化、科学化，教育党员用马克思列宁主义的方法去作政治形势的分析和阶级势力的估量，注意思想方法，注意调查研究，以代替主观主义的分析和估量，由此来决定斗争的策略和工作的方法。

党的思想路线是毛泽东在中国革命的实践中，在反对主观主义，特别是教条主义的斗争中，科学总结中国革命的经验教训而形成的。

红军长征到达陕北以后，党和毛泽东开始深刻总结党领导政治斗争和军事斗争的经验，批判"左"的政治路线与军事路线，根据时局变化科学解决了党的政治路线和军事路线问题，同时酝酿解决思想路线问题。

1935 年 12 月召开的瓦窑堡会议，提出了建立最广泛的抗日民族统一战线的主张。会后，毛泽东根据会议精神在党的活动分子大会上作了《论反对日本帝国主义的策略》的报告。报告科学总结了政治斗争经验，正确地解决了党的政治路线问题，为党领导伟大的抗日战争作了重要思想准备；批判了"左"的关门主义和冒险主义错误，深刻揭示了其脱离实际、死板僵化的教条主义这一思想方法论根源，标志着党在系统解决政治路线问题的同时，开始从哲学高度解决思想路线问题。

1936 年 12 月，毛泽东在抗日红军大学作了《中国革命战争的战略问题》的演讲。他强调研究战争"应该着眼其特点和着眼其发展"，不但要研究战争规律，而且要研究革命战争规律，还要研究中国革命战争规律，更要研究中国革命各个时期的战争规律。研究战争指导规律，必须做到主观与客观相符合。这就要全面了解、深入分析敌我双方的情况，对各种材料加以去粗取精、去伪存真、由此及彼、由表及里的思索，研究双方的力量对比和相互关系，以构成判断，定下决心，作出计划，执行计划，并在战争实践中检验、调整计划。要做到主观符合客观，学习在战争大海中的"游泳术"，就必须学习、运用马克思主义的科学的思想方法和认识方法。毛泽东关于研究战争规律问题的论述，已超出了军事斗争范畴，而具有了世界观方法论的思想路线的意蕴。

在制定正确的政治路线和军事路线的同时，毛泽东适应中国革命的迫切需要，紧密联系中国革命实际，以很大的精力研究哲学，从哲学高度总结中国革命经验，批判主观主义特别是教条主义，探索中国革命特别是当时抗日战争的战略道路，并提出了关于思想路线的新的哲学见解。他针对主观主义特别是教条主义者脱离实践学习理论、脱离国情照搬理论的错误，强调我们研究哲学、重视理论，是"为着有效地指导实践"[9]。而教条主义者则反对结合中国实际学习和运用马克思主义，反对把马克思主义中国化。针对教条主义的错误，毛泽东强调"共同点与特殊点都是要紧的，而特点尤要"[10]；针对教条主义者不能正确把握中国社会的主要矛盾及其发展变化，导致了政治路线和军事路线的错误，强调

"客观世界是发展的，主观认识也是发展的"[11]，"客观形势发展了，主观认识也应跟着发展。认识新形势中的新矛盾与新联结"[12]。要根据主要矛盾的变化，来确定我们的根本任务和战略策略。毛泽东研读哲学的心得与写的笔记，为他系统地创立和建构马克思主义思想路线的新哲学，作了重要的思想与资料准备。

1937年七八月间，毛泽东在延安抗日军政大学讲了《实践论》和《矛盾论》，论述了主观与客观、理论与实践、知与行的具体的历史的统一，深刻揭示了"左"、右倾错误的认识论根源，指出"唯心论和机械唯物论，机会主义和冒险主义，都是以主观和客观相分裂，以认识和实践相脱离为特征的"[13]。论述了矛盾普遍性与特殊性的辩证关系，深刻揭示了"左"、右倾错误的形而上学实质，指出他们不懂得由特殊到一般，又由一般到特殊的认识过程的辩证法，拒绝对具体事物做任何艰苦的研究工作，把一般真理看成是凭空出现的东西，视为人们所不能够捉摸的纯粹抽象的公式；他们也不了解应当用不同的方法去解决不同的矛盾，而只是千篇一律地用一种自以为不可改变的公式到处硬套，这就只能使革命遭受挫折，或者将本来做得好的事情弄得很坏。"两论"对马列主义同中国革命具体实践相结合的必要性作了充分的哲学论证，对否认这种"结合"的主观主义特别是教条主义作了深刻的哲学批判，对如何实现这种"结合"在方法论上作了系统总结，这就为实事求是思想路线的确立奠定了坚实的哲学基础。

"两论"为解决思想路线问题提供了哲学基础。但以正确的哲学路线为指导破除主观主义的思想路线与思想方法，确立马克思主义的思想路线和思想方法，还须付出艰巨的努力。为了彻底清算以教条主义为特征的"左"的错误，使全党同志深刻认识这种错误产生的思想理论根源，学会运用马克思主义的立场、观点、方法观察问题，明辨是非，实现党在指导思想、政治路线、组织路线、军事路线上的高度统一，党和毛泽东在全党范围内发起了一场普遍的马克思主义教育运动即延安整风运动，反对主观主义以整顿学风，反对宗派主义以整顿党风，反对党八股以整顿文风。反对主观主义以整顿学风，则是整风运动的重点。这是一次彻底解决党的思想路线问题的运动。

马克思主义的学风和态度是对周围环境作系统周密的调查研究，就是不割断历史，就是有目的地去研究马克思主义的理论，使马克思主义和中国革命的实际结合起来，就是为了解决中国革命的理论问题和策略问题而从中找立场、观点和方法。主观主义，特别是教条主义，就是对周围环境不作系统周密的调查研究，单凭主观热情去工作；就是割断历史，对中国的过去不求甚解；就是抽象地、无目的地研究马克思主义。无论是右的错误，还是"左"的错误，从思想根源上看，都是由于主观与客观相分裂，理论与实践相脱离。主观主义者，特别是教条主义者没有掌握马克思主义的精髓，不了解中国的国情，无实事求是之意，有哗众取宠之心，只知背诵马恩列斯著作中的若干词句，徒有虚名，并无实学，却以马克思主义者的面目出现，作报告和演说滔滔不绝、引经据典，迷惑文化水平不高的工农干部，吓唬天真烂漫的青年。毛泽东引用明代翰林学士、《永乐大典》总编纂解缙（1369—1415 年）的楹联给教条主义画像：墙上芦苇，头重脚轻根底浅；山间竹笋，嘴尖皮厚腹中空。指出主观主义特别是教条主义害人害己害革命，是工人阶级的大敌、人民的大敌、民族的大敌，只有打倒它，马克思列宁主义的真理才会抬头，党性才会巩固，革命才会胜利。

毛泽东在《改造我们的学习》的报告中精辟而深刻地阐述了党的实事求是思想路线的丰富内涵。他说："'实事'就是客观存在着的一切事物，'是'就是客观事物的内部联系，即规律性，'求'就是我们去研究。我们要从国内外、省内外、县内外、区内外的实际情况出发，从其中引出其固有的而不是臆造的规律性，即找出周围事变的内部联系，作为我们行动的向导。而要这样做，就须不凭主观想象，不凭一时的热情，不凭死的书本，而凭客观存在的事实，详细地占有材料，在马克思列宁主义一般原理的指导下，从这些材料中引出正确的结论。……这种态度，就是党性的表现，就是理论和实际统一的马克思列宁主义的作风。"[14] 在这段文字中，内含着一切从实际出发，实事求是，理论联系实际等基本观点。延安整风教育和训练了干部，提高了党的马克思主义水平，确立了实事求是的马克思主义思想路线。1945 年 4 月 23 日至 6 月 11 日召开的中国共产党第七次全国代表大会，确立了毛泽东思想在全党的指导地位，实现了党在指导思想上的空前统一和组织上的空前团结与巩固，从而为党领导人民夺取抗日战争和解放战争的胜利奠定了坚实的思想路线基础。

二、只有解放思想，才能实事求是

——实践是检验真理的唯一标准大讨论

1976 年，是中国现代史上的一个重要转折点。这一年的 10 月，随着"四人帮"被粉碎，持续了十年之久的"文化大革命"终于结束了。党和人民需要认真总结经验，认识世情国情，纠正"左"的错误，使我们的国家走上健康发展的轨道。然而，"两个凡是"，即"凡是毛主席作出的决策，我们都坚决拥护；凡是毛主席的指示，我们都始终不渝地遵循"的教条主义却严重禁锢着人们的思想。如果在实践中被证明是错误的东西得不到纠正，开辟新的道路便无从谈起。在这个关键时刻，邓小平以马克思主义者的远见卓识和革命胆略，在千头万绪中抓住解放思想、实事求是这个关键性环节，旗帜鲜明地批判"两个凡是"的教条主义，强调要完整准确地掌握毛泽东思想的科学体系，坚持和恢复党的实事求是的思想路线。邓小平对"两个凡是"的批判，作为新时期思想解放的先声，引发了 1978 年 5 月在全国范围内开展的关于实践是检验真理的唯一标准问题的大讨论。1977年 10 月，《光明日报》哲学专刊收到了南京大学讲师胡福明（1935 年—— ）的文章《实践是检验真理的标准》，理论部认为文章很有现实意义，在对文章进行修改后，准备在1978 年 4 月初的哲学专刊上发表。《光明日报》总编辑杨西光（1915—1989 年）在中共中央党校学习期间参加了关于真理标准的讨论，他在审阅这篇文章的清样后，非常重视。但他一方面感到主题重要，另一方面又感到分量不够。他主持了几次修改，当得知中央党校《理论动态》编辑部正在写同样主题的文章，就把文章送给中央党校《理论动态》编辑部。《实践是检验真理的唯一标准》一文经修改定稿，在

1978 年 5 月 10 日出版的《理论动态》上发表，第二天以
"特约评论员"名义在《光明日报》上发表。当天由新华社
向全国转发，12 日，《人民日报》、《解放军报》以及《解放
日报》、《河南日报》等地方报纸全文转载。13 日，又有 15
家省级报纸转载此文，由此引发了波及全国的真理标准的大
讨论。

　　文章共分四个部分：检验真理的标准只能是社会实践；
理论与实践的统一是马克思主义的一个最基本的原则；革
命导师是坚持用实践检验真理的榜样；任何理论都要不断
接受实践的检验。文章阐明了马克思主义认识论的一个基
本问题：实践不仅是检验真理的标准，而且是唯一的标准。
文章指出，凡是科学的理论，都不会害怕实践的检验。马
克思主义不是僵死不变的教条，要在实践中不断增加新的
观点、新的结论，抛弃那些不再适合新情况的个别旧观点、
旧结论。

　　这场讨论反映了广大干部群众纠正"左"的错误、拨乱
反正、开创社会主义建设新局面的强烈愿望。是坚持和恢复
党的实事求是思想路线，还是坚持"两个凡是"的"左"的
教条主义？在两条思想路线斗争的关键时刻，邓小平发表
了一系列重要讲话，旗帜鲜明地支持了这场讨论，推动了全
党和全国人民思想的大解放。邓小平坚定地重申：实践是检

验真理的唯一标准，是马克思主义的基本观点。"我们开会，作报告，作决议，以及做任何工作，都为的是解决问题……解决问题，究竟是否正确或者完全正确，还需要今后的实践来检验。"[15]真理标准讨论实际上也是要不要解放思想的争论。"一个党，一个国家，一个民族，如果一切从本本出发，思想僵化，迷信盛行，那它就不能前进，它的生机就停止了，就要亡党亡国。""从这个意义上说，关于真理标准问题的争论，的确是个思想路线问题，是个政治问题，是个关系到党和国家的前途和命运的问题。"[16]在邓小平的推动和支持下，实践是检验真理的唯一标准问题的讨论在全国广泛开展，成为一次普遍的马克思主义教育运动，使全党和全国人民的思想获得了大解放，使党的实事求是思想路线得到了恢复和重新确立，从而为创立中国特色社会主义理论，制定正确的政治路线，开创社会主义现代化建设的新局面，奠定了坚实的世界观方法论基础。

正确的思想路线是制定和执行正确的政治路线的基础。

搞四个现代化是我们的政治路线，而思想路线"是确定政治路线的基础"，"不解决思想路线问题，不解放思想，正确的政治路线就制定不出来，制定了也贯彻不下去"，"正确的政治路线能不能贯彻实行，关键是思想路线对不对头"[17]。正是由于实事求是思想路线的重新确立，使我们党坚决纠正了"以阶级斗争为纲"的"左"的错误，把工作中心转移到经济建设上来；逐步形成了建设中国特色社会主义理论，提出了一系列改革开放的新政策，逐步确立了"一个中心、两个基本点"的党的基本路线。

解放思想与实事求是具有内在一致性。思想是行动的先导，理论是实践的指南；思想的解放，是实事求是的前提，是观念转变、社会变革的先导。

邓小平深刻阐述了思想路线与政治路线、解放思想与实事求是的关系。邓小平说："解放思想，就是使思想和实际相符合，使主观和客观相符合，就是实事求是"[18]，就是"在马克思主义指导下打破习惯势力和主观偏见的束缚，研究新情况，解决新问题"[19]。坚持实事求是之所以要解放思想，是因为长期以来教条主义和个人崇拜盛行，民主集中制受到破坏，造成了思想僵化或半僵化。思想一僵化，条条框框就多起来了，个人迷信、个人崇拜、随风倒的现象就多起来了，不从实际出发的本本主义就严重起来了。"解放思想，开动脑筋，实事求是，团结一致向前看，首先是解放思想。只有思想解放了，我们才能正确地以马列主义、毛泽东思想为指导，解决过去遗留的问题，解决新出现的一系列问题，正确地改革同生产力迅速发展不相适应的生产关系和上层建筑，根据我国的实际情况，确定实现四个现代化的具体道

路、方针、方法和措施。"[20] 没有解放思想，就没有实事求
是，解放思想的目的在于实事求是。必须把二者统一起来，
而不能对立起来。

在改革开放和现代化建设的整个过程中，都要坚持解放
思想、实事求是。解放思想是发展中国特色社会主义的一大
法宝。

党的十一届三中全会以来，我们在理论上的重大发展，
在政策上的成功调整，在经济建设和社会全面进步上所取得
的巨大成就，都是解放思想、实事求是的结果。如果没有解
放思想、实事求是，就不可能实现理论上的突破，开辟马克
思主义的新境界；就不可能实现思想观念的根本转变，以新
的眼光和视野观察新的实践中出现的新问题；就不可能积极
推进经济体制改革和政治体制的改革，探索出中国特色社会
主义发展的新路子。邓小平说："我们搞改革开放，把工作
重心放在经济建设上，没有丢马克思，没有丢列宁，也没有
丢毛泽东。老祖宗不能丢啊！"[21] 同时，他又反复强调，马
克思主义一定要同实际相结合，一定要随着实践的发展而发
展。邓小平说："绝不能要求马克思为解决他去世之后上百
年、几百年所产生的问题提供现成答案。列宁同样也不能承
担为他去世以后五十年、一百年所产生的问题提供现成答案
的任务。真正的马克思列宁主义者必须根据现在的情况，认

识、继承和发展马克思列宁主义。"[22] 习近平指出："马克思主义必定随着时代、实践和科学的发展而不断发展，不可能一成不变，社会主义从来都是在开拓中前进的。""全党同志首先是各级领导干部必须坚持马克思主义的发展观点，坚持实践是检验真理的唯一标准，发挥历史的主动性和创造性……不断推进理论创新、实践创新、制度创新。""一定要以我国改革开放和现代化建设的实际问题，以我们正在做的事情为中心，着眼于马克思主义理论的运用，着眼于对实际问题的理论思考，着眼于新的实践和新的发展。"[23] 我们一定要坚持马克思主义，但这种坚持不是对马克思主义采取本本主义的态度，而是应当采取把马克思主义同实际相结合的态度。这是因为，马克思主义为我们解决具体问题提供了根本方法和原则，但没有提供现成的答案。在中国建设社会主义这样的事，在马克思的本本上找不到，在列宁的本本上也找不到。每个国家都有自己的情况，各自的经历也不同，所以要独立思考，在干中学，在实践中摸索。实践在发展，情况在变化，我们的思想认识也应当随之发展变化，要研究新情况，总结新经验，创造新理论，把马克思主义不断推向前进。解放思想始终是我们党坚持的一个基本原则，是发展中国特色社会主义的一个基本原则，要把解放思想贯彻到发展中国特色社会主义的始终。

三、与时俱进是马克思主义认识论的理论品格
——《易传》"损益盈虚，与时偕行"思想

《易传·彖下》说："损益盈虚，与时偕行。"意思是说，对于礼仪制度，或因循或变革，或减损或增益，如月之盈虚，须要因时而动、因时制宜。中国传统文化认为变化日新是宇宙的本质，生成化育万物是天地的大德。与时偕行，乘势而行，顺势而为，是中国传统哲学思想的精华。

继承人类优秀哲学思想遗产的马克思主义，是在实践中产生并在实践中发展的理论，与时俱进是马克思主义认识论的理论品质。

马克思主义作为一门科学，是始终严格地以客观事实为依据、以实践为基础，随着时代的变迁、事物的发展、实践的深化而不断丰富、发展、前进的。客观实际、客观事物是不断变化的，人类实践是不断深化的，马克思主义要永葆自己的科学性和生命力，也必须与时俱进，随着时代、实践和科学的发展而不断发展。马克思主义是一种科学的方法和行动的指南，而不是必须背得烂熟并机械地加以重复的教条；马克思主义基本原理的实际运用，"随时随地都要以当时的历史条件为转移"，[24] 而不能机械地照抄照搬。我们要使自

己的思想不落后于时代，要使自己的思想与客观事物相符合，就必须解放思想、与时俱进，不断适应变化了的客观情况，用马克思主义的科学态度不断总结新的实践经验，作出新的理论概括，用发展着的马克思主义指导新的实践。若思想僵化，故步自封，离开对实际问题的理论思考，离开新的实践和新的发展，去空洞地、抽象地谈论马克思主义，是毫无意义的。

坚持与时俱进，是在新的实践中运用和发展马克思主义的需要。

马克思主义引导时代前进又随着时代发展。马克思主义具有科学性，它始终严格地以客观事实为依据。马克思主义具有实践性，它在实践中产生，在实践中发展，在实践中接受检验，在实践中发挥其改造客观世界的巨大力量。马克思主义具有开放性。它总是在把握客观情况的变化、总结人民群众的新鲜经验、吸取当代科学文化的最新成果的基础上，不断丰富和发展。马克思主义是随着时代的变迁、革命和建设主题的转换以及人民群众波澜壮阔的实践的不断深化而不断丰富和发展的。社会实践没有止境，解放思想、实事求是没有止境，马克思主义理论的发展和创新也没有止境。马克思主义经典作家从来不把自己的理论当作教条，从来都是把它当作行动的指南，当作认识问题和解决问题的科学方法。

马克思十分厌恶对他的理论的"奴隶式的盲目崇拜"和"简单模仿"。恩格斯认为，马克思的整个世界观不是教义，而是方法。列宁也明确表示，决不把马克思的理论看作某种一成不变的和神圣不可侵犯的东西，马克思主义者必须考虑生动的实际生活，必须考虑现实的确切事实，而不应当抱住昨天的理论不放。马克思主义是最讲科学精神、创新精神的。马克思主义理论的每一次重大突破，社会主义实践的每一次历史性飞跃，都是马克思主义基本原理与具体实践相结合进行理论创新的结果。我们既要坚定地坚持马克思主义的立场、观点和方法，又要坚持与时俱进，尊重实践权威，勇于探索真理，根据历史条件的变化，对我们在前进中遇到的一些重大问题给予符合实际的科学回答，在实践中不断丰富和发展马克思主义。

与时俱进，是中国共产党永葆先进性和创造力的可靠思想保证。

客观事物是不断发展的，人类的社会实践也是不断发展的。与此相适应，人类对于客观事物的规律和人类实践的规律的认识也是不断地发展、上升和深化的。马克思主义的发展史，就是对于自然、社会和人类思维发展的规律的认识不断深化的历史；中国共产党诞生以来九十多年的历史，就是对中国革命、建设和改革规律的认识不断深化的历史。建设中国特色社会主义，是一项全新的事业。马克思主义经典作家只是为我们提供了一些基本原理和原则，没有提供现成的答案；对于别国的经验，我们不能照搬照抄。无论是照搬本本，还是固守过去的经验、照搬别人的办法，都不能解决问题。只有坚持与时俱进，在实践中开拓前进，才能促进改革开放和现代化建设事业的顺利发展。中国共产党要始终保持先进性和生机活力，永远得到人民群众的拥护，就必须与时俱进，根据新的条件、新的时代和新的实践，不断深化对共产党执政的规律、社会主义建设的规律以及人类社会发展的规律的认识，以新的理论丰富和发展马克思主义，用发展着的马克思主义指导新的实践。

坚持与时俱进，就是要使党和国家的全部理论和工作体现时代性，把握规律性，富于创造性。

世界在发生巨大变化，中国在发生巨大变化，人民群众的伟大实践在不断前进。要使党和国家的发展不停顿，首先是思想理论上不能停顿。我们要坚持被实践反复证明了的马克思主义的基本理论，坚持马克思主义立场、观点、方法，否则，就丧失了根本，迷失了方向；同时，又要在新的实践中丰富和发展马克思主义，反对教条主义地对待马克思主义。我们要用实践去发展本本，而不能用本本去束缚实践。坚持解放思想，实事求是，与时俱进，就要用发展的、变化的、前进的眼光看问题，不断深化对共产党执政规律、社会主义建设规律以及人类社会发展规律的认识，在思想上不断有新解放，理论上不断有新发展，实践上不断有新创造。

——坚持与时俱进，必须适应实践的发展，以实践来检验一切，自觉地把思想认识从那些不合时宜的观念、做法和体制的束缚中解放出来，从对马克思主义的错误的和教条式的理解中解放出来，从主观主义和形而上学的桎梏中解放出来。与时俱进是在实践中坚持和发展马克思主义的必然要求，是马克思主义与时俱进的理论品质的具体体现。我们要坚持和发展马克思主义，推进中国特色社会主义事业，需要从思维方式、思想理论以及观念、体制、做法等多个层面入手，纠正、革除错误的、不合时宜的思想观念，打破过时的僵化体制和习惯做法，消除对马克思主义的错误的和教条式的理解，破除主观主义和形而上学的思维方式，以马克思主义的科学世界观和方法论为指导，研究新情况，解决新问题，提出新理论，从事新实践，使我们的思想和行动更加符合客观实际，更加符合社会主义初级阶段的国情和时代发展的要求。

——坚持与时俱进，必须不断根据实践的要求进行理论创新、制度创新、科技创新、文化创新以及其他各方面的创新。创新是一个民族进步的灵魂，是一个国家兴旺发达的不竭动力，也是一个政党永葆生机的源泉。社会实践是不断发展的，我们的思想认识也应不断前进，应勇于和善于根据实践的要求进行创新。要进行理论创新，使我们党和国家的基本理论在继承的基础上不断吸取新的实践经验、新的思想而向前发展；进行体制创新，不断完善适应发展社会主义市场经济、全面建设中国特色社会主义要求的各方面的体制；进行科技创新，使科学技术成为推动经济社会发展的强大力量。要通过理论创新推动制度创新、科技创新、文化创新以及其他各方面的创新，不断在实践中探索前进。

——坚持与时俱进，要以科学的态度对待马克思主义。既要始终坚持马克思主义基本原理，又要坚决反对以教条主义的态度对待马克思主义。如果不顾历史条件和现实情况的变化，拘泥于马克思主义经典作家在特定历史条件下、针对具体情况作出的某些个别论断和具体行动纲领，我们就会因为思想脱离实际而不能顺利前进，甚至发生失误。在对待马克思主义的态度上，要始终做到两个"坚定不移、不能含糊"：一是必须坚持马克思主义的立场、观点和方法，坚持马克思主义基本原理。这一点，要坚定不移，不能含糊。二是必须贯彻解放思想、实事求是的思想路线，坚持勇于追求真理和探索真理的革命精神。这一点，也要坚定不移，不能含糊。既要坚持"不丢老祖宗"，又要做到"讲新话"。

四、求真务实是马克思主义认识论的要义

——"空谈误国，实干兴邦"的历史教训

西晋末期，政局动荡，社会混乱，史称"刘石之乱"[25]。当时的文人士大夫不敢去触及社会的痼疾和问题，而又对烦琐的两汉经学、怪诞的谶纬神学、腐朽的三纲五常深感厌倦，转而寻找新的心灵安顿之所，醉心于清谈玄道，热衷于有无、生死、动静、名教自然等形而上问题的辩论。后来的有志之士总结这段历史时认为，玄虚空洞的清谈无益于国计民生，刘石之乱、两晋之亡乃亡于清谈，提出"空谈误国，实干兴邦"的政治主张。

大书法家王羲之（303—361年，一作321—379年）认为，"虚谈废务，浮文妨要，恐非当今所宜"[26]。东晋学者范宁（约339年—?）甚至严厉斥责："其源始于王弼、何晏，二人之罪深于桀、纣。"[27]明末清初的大思想家顾炎武（1613—1682年）指出："刘石乱华，本于清谈之流祸，人人知之。孰知今日之清谈，有甚于前代者。昔之清谈谈老庄，今之清谈谈孔孟。……以明心见性之空言，代修己治人之实学，股肱惰而万事荒，爪牙亡而四国乱，神州荡覆，宗社丘墟！昔王衍妙善玄言，自比子贡，及为石勒所杀，将死，顾

而言曰：'呜呼！吾曹虽不如古人，向若不祖尚浮虚，戮力以匡天下，犹可不至今日！'今之君子得不有愧乎其言。"[28]鉴于清谈误国的历史教训，顾炎武主张经国济世，重视实学实功，反对清谈浮论。他说："君子之为学，以明道也，以救世也，徒以诗文而已，所谓雕虫篆刻，亦何益哉？"[29]清谈误国，实干兴邦，是中国传统文化的宝贵精神财富。反对清谈，提倡实干，必须大力弘扬求真务实的精神。

求真务实，追求真理、服膺真理，重视实践、务求实效，是马克思主义认识论的内在精神。

如果说认识的根本任务是认识本质、把握规律；那么，认识的最终目的则是指导实践、改造世界。理论的基础是实践，又转过来为实践服务。"马克思主义看重理论，正是，也仅仅是，因为它能够指导行动。如果有了正确的理论，只是把它空谈一阵，束之高阁，并不实行，那末，这种理论再好也是没有意义的"[30]。马克思主义是理论与实践、知与行、求真与务实的统一论。马克思主义的认识论是知行统一论，坚持求真与务实、认识世界和改造世界的有机统一，是马克思主义认识论的实质与真谛。

求真务实，对于永葆党的生机活力，对于党和人民事业的兴旺发达，具有决定性的意义。

求真，就是认识事物本质，把握客观规律，求得真理的认识；务实，就是通过实践获得真知，运用真理指导实践，理论联系实际，务求指导改造实践。早在民主革命时期，毛泽东就号召全党把革命气概和实际精神结合起来，实事求是，力戒空谈，要当老实人，说老实话，做老实事。在改革开放和社会主义现代化建设的新时期，邓小平强调要真抓实干，坚决制止热衷于做表面文章、不讲实际效果的形式主义，杜绝说大话、空话、假话的恶习。江泽民反复强调实干兴邦，空谈误国。领导干部要重实际、说实话、务实事、求实效、脚踏实地、埋头苦干，不说空话，不做表面文章，不搞花架子。胡锦涛强调求真务实是马克思主义一以贯之的科学精神，是中国共产党的思想路线的核心内容，也是中国共产党的优良传统和共产党人应该具备的政治品格。中共十八大以来，习近平强调要"讲实话，干实事，敢作为，勇担当，言必信，行必果"，强调"空谈误国，实干兴邦"。求真务实是党的活力之所在，也是党和人民事业兴旺发达的关键之所在。求真务实坚持得好，党和国家就充满朝气与活力，党和人民的事业就能顺利发展；否则，党和国家就缺乏朝气和活力，党和人民的事业就受到挫折。

我国改革和发展正处于关键时期，面对新的形势和新的任务，在全党、全社会大力弘扬求真务实精神，大兴求真务实之风，具有十分重要和紧迫的意义。

在改革开放和现代化建设的实践中，广大党员干部认真贯彻党的路线方针政策，牢记全心全意为人民服务的宗旨，解放思想、实事求是、求真务实、真抓实干、兢兢业业、艰苦奋斗，以自己的实干精神和优良作风赢得了人民群众的赞誉。同时，也必须看到，在党员干部队伍中也存在一些亟待解决的突出问题：一是不思进取、得过且过，不认真学习理论，不用心汲取新知识，不深入思考新问题，思想上故步自封、停滞不前，工作上敷衍了事、庸碌无为。二是作风飘浮、工作不实，以会议落实会议，以文件落实文件，满足于一般号召，身子沉不下去，对实际情况不甚了了。三是好大喜功、急功近利，不按客观规律办事，不顾现实条件，提不切实际的高指标，搞违背科学的瞎指挥，导致决策失误，造成严重浪费。四是随心所欲、自搞一套，不认真贯彻执行中央的方针政策和工作部署，甚至搞"上有政策、下有对策"，不仅损害国家的全局利益，而且侵犯群众的切身利益。五是心态浮躁、追名逐利，一事当前，总是算计个人得失，习惯于做表面文章，热衷于搞"形象工程"、"政绩工程"，脱离实际，劳民伤财。六是弄虚作假、欺上瞒下，报喜不报忧，掩盖矛盾和问题，蒙蔽群众，欺骗上级。七是明哲保身、患得患失，在原则问题上采取事不关己、高高挂起的态度，奉行"你好、我好、大家好"的处世哲学，不开展批评，不让人批评，甚至压制批评。八是贪图享受、奢侈浪费，追求低级趣味，热衷于个人享乐，大吃大喝，大手大脚，铺张浪费。九是以权谋私、与民争利，干工作不是先考虑群众利益，而是先考虑小团体、本部门、本单位的利益，乱收费、乱集资、乱摊派，侵害群众利益，甚至中饱私囊。十是高高在上、脱离群众，对群众的安危冷暖漠不关心，工作方法简单粗暴，甚至肆意欺压群众……官僚主义、形式主义、享乐主义和奢靡之风严重。这些问题同党的宗旨和性质格格不入，同人民群众的利益格格不入。由于这些问题的存在，一些本来可以做好的事情没有做好，一些本来应该解决的问题久拖不决，一些本来可以缓解的矛盾进一步激化。如果不坚决刹住这些不良风气，必将严重削弱党员干部队伍的战斗力，损害党同人民群众的血肉联系，妨碍全面建设小康社会宏伟目标的顺利实现。

在新的历史条件下，面对复杂多变的国际环境，面临艰巨繁重的国内建设任务，中国共产党一定要肩负起自己的历史使命，领导人民推动科学发展，促进社会和谐，实现经济社会全面、协调、可持续发展和人的全面发展，夺取全面建成小康社会新胜利；要坚持立党为公、执政为民，保持党同人民群众的血肉联系，切实把最广大人民的根本利益维护好、实现好、发展好；要全面推进党的建设新的伟大工程，加强党员干部队伍建设，始终保持先进性与纯洁性，提高党的执政能力，都必须大力弘扬求真务实精神、大兴求真务实之风，不断求我国社会主义初级阶段基本国情之真，务坚持长期艰苦奋斗之实；求社会主义建设规律和人类社会发展规律之真，务抓好发展这个党执政兴国的第一要务之实；求人民群众的历史地位和作用之真，务发展最广大人民根本利益之实；求共产党执政规律之真，务全面加强和改进党的建设之实。

——大兴求真务实之风，要牢固树立马克思主义价值观，一切从人民利益出发。马克思主义的根本价值追求，是为了争取工人阶级和最广大人民的自由、解放，为了促进和实现人的自由而全面发展。共产党人的一切言论行动，必须以合乎最广大人民群众的最大利益，为最广大人民群众所拥护为最高标准。增强党的宗旨意识，坚持全心全意为人民服务，摆正同人民群众的关系，是坚持求真务实的根本准则。只有始终牢记党的宗旨，坚持一切从人民的利益出发，坚持以最广大人民的根本利益为最高标准，才能从根本上做到求真务实。要在广大党员干部特别是领导干部中深入开展马克思主义群众观点和党的群众路线的教育，使广大党员干部牢固树立人民群众是历史创造者的观点、虚心向人民群众学习的观点、竭诚为最广大人民谋利益的观点、干部的权力是人民赋予的观点、对党负责和对人民负责相一致的观点，坚持立党为公、执政为民，坚持权为民所用、情为民所系、利为民所谋，把最广大人民的根本利益放在首位，自觉用最广大人民的根本利益来检验自己的工作和政绩，做到凡是为民造福的事情就一定要千方百计办好、凡是损害广大群众利益的事情就坚决不办。

——大兴求真务实之风，要牢固树立马克思主义的真理观，一切从实际出发。正确认识国情，按照国情制定路线方针政策和开展工作，是坚持求真务实的根本依据。我们想问题、作决策、办事情，要坚持从基本国情出发，老老实实地艰苦创业，踏踏实实地艰苦奋斗。认识规律、把握规律、遵循和运用规律，是坚持求真务实的根本要求。要认清我国的基本国情，深化对共产党执政规律、社会主义建设规律和人类社会发展规律的认识。要在推进各项工作时更好地把握规律性、增强主动性、减少盲目性、克服片面性。只有从实际出发，按照客观规律办事，才能真正牢固树立和深入贯彻落实科学发展观，促进经济社会全面发展和人的全面发展。

——大兴求真务实之风，要牢固树立马克思主义的实践观，一切从实践出发。一切从实践出发，就要在实践中认识人类社会发展规律、社会主义建设规律和执政党建设规律，在实践中推进科学发展、促进社会和谐，在实践中坚持和发展中国特色社会主义，在实践中实现国家富强、民族振兴和人民福祉。一定要紧密联系全面建成小康社会的实践，坚持讲实话、出实招、办实事、务实效，把工作的着力点真正放到研究解决改革发展稳定中的重大问题上，放到研究解决群众生产生活中的紧迫问题上，放到研究解决党的建设中的突出问题上。而在抓落实的过程中，要处理好全局与局部的关系，既要坚持从本地区本部门的实际出发，创造性地开展工作，注意克服脱离实际、照本宣科的教条式做法，又要牢固树立全局观念，增强在大局下行动的自觉性，坚决杜绝"上有政策、下有对策"的不良现象；要处理好眼前和长远的关系，既要抓紧解决当前经济社会发展中亟须解决的突出矛盾和问题，切实提高工作效率，认真纠正推诿扯皮、办事拖拉的衙门作风，又要着眼未来发展，建立长效机制，追求长期效果，坚决防止急功近利、寅吃卯粮的短期行为；要处理好继承和创新的关系，既要坚持和发扬行之有效的好传统、好经验、好做法，又要根据新形势新任务的要求，积极推动各项工作与时俱进，坚决克服不思进取、墨守成规的观念和行为。

结　语

以毛泽东为代表的中国共产党人将马克思主义的理论与

中国革命的实际相结合，并将马克思主义的科学理论与中国传统文化相结合，提出了"实事求是"的思想路线，开创了理论与实际相结合的光荣传统，此后一代又一代中国共产党人在马克思主义科学理论的指导下，紧密结合各个时期的中国国情和在实践中遇到的新问题，不断丰富实事求是的思想路线，为中国的革命和建设事业提供了重要的思想保证，也为后人留下了宝贵的精神财富。贯彻实事求是思想路线，必须解放思想、与时俱进、求真务实，这是新时期贯彻实事求是思想路线的基本要求。

注　释

1　王夫之：《续春秋左氏传博议·士文伯论日食》。

2　《曾国藩全集·诗文》，岳麓书社 1986 年版，第 166 页。

3　《邓小平年谱（1975—1997）》，中央文献出版社 2004 年版，第 721 页。

4　《邓小平文选》第二卷，人民出版社 1994 年版，第 114 页。

5　《邓小平文选》第三卷，人民出版社 1993 年版，第 10 页。

6　《邓小平文选》第二卷，人民出版社 1994 年版，第 143 页。

7　《邓小平文选》第二卷，人民出版社 1994 年版，第 143 页。

8　《毛泽东哲学批注集》，中央文献出版社 1988 年版，第 9、432 页。

9　《毛泽东哲学批注集》，中央文献出版社 1988 年版，第 152 页。

10 《毛泽东哲学批注集》，中央文献出版社 1988 年版，第 176 页。

11 《毛泽东哲学批注集》，中央文献出版社 1988 年版，第 14 页。

12 《毛泽东哲学批注集》，中央文献出版社 1988 年版，第 14—15 页。

13 《毛泽东选集》第一卷，人民出版社 1991 年版，第 295 页。

14 《毛泽东选集》第三卷，人民出版社 1991 年版，第 801 页。

15 《邓小平文选》第二卷，人民出版社 1994 年版，第 113—114 页。

16 《邓小平文选》第二卷，人民出版社 1994 年版，第 143 页。

17 《邓小平文选》第二卷，人民出版社 1994 年版，第 191 页。

18 《邓小平文选》第二卷，人民出版社 1994 年版，第 364 页。

19 《邓小平文选》第二卷，人民出版社 1994 年版，第 279 页。

20 《邓小平文选》第二卷，人民出版社 1994 年版，第 141 页。

21 《邓小平文选》第三卷，人民出版社 1993 年版，第 369 页。

22 《邓小平文选》第三卷，人民出版社 1993 年版，第 291 页。

23 习近平：《紧紧围绕坚持和发展中国特色社会主义学习宣传贯彻党的十八大精神》，人民出版社 2012 年版，第 5 页。

24 《马克思恩格斯文集》第 2 卷，人民出版社 2009 年版，第 15 页。

25 永嘉二年（208 年）刘渊称帝，建都平阳，国号汉。山西、河北一带的各族胡人以及汉族，纷纷响应。此时晋朝的内讧仍未停止。永嘉六年（312 年）刘聪攻陷洛阳，纵兵烧掠，俘虏晋怀帝。石勒一度攻破豫州、江夏，势力范围西及南阳，北据淮汝，南抵长江。太兴四年（321 年）祖逖病死，石勒又攻占河南。中原遭刘石之乱，人民之荡析离居者，十室而九。

26 刘义庆：《世说新语·言语》。

27 《晋书·范宁传》。

28 顾炎武：《夫子之言性与天道》。

29 顾炎武：《与人书二十五》。

30 《毛泽东选集》第一卷，人民出版社 1991 年版，第 292 页。

附　录

《新大众哲学》总目录

学好哲学　终生受用

——总论篇

插上哲学的翅膀，飞向自由的王国

　　——哲学导论

　　一、为什么学哲学

　　二、哲学是什么

　　三、哲学的前世今生

　　四、哲学的左邻右舍

　　五、怎样学哲学用哲学

　　结　语

与时偕行的哲学

　　——马克思主义哲学

　　一、以科学赢得尊重

　　二、以立场获得力量

　　三、用实践实现革命

　　四、因创新引领时代

　　结　语

立足中国实际"说新话"

　　——马克思主义哲学中国化

反对主观唯心主义

——唯物论篇

坚持唯物论，反对唯心论

——唯物论总论

一、全部哲学的最高问题

　　——关于思维与存在关系问题的大讨论

二、哲学上的基本派别

　　——南朝齐梁时期的一场形神关系论辩

三、坚持唯物论，反对唯心论

　　——失散多年的"孩子"终于找回来了

结　语

世界统一于物质

——物质论

结　语

实现人与自然的和谐发展
——自然观
一、自然观问题的重新提出

　　——"美丽的香格里拉"

二、自然观的历史演变

　　——泰勒斯与"万物的起源是水"

三、马克思主义自然观

　　——笛福与《鲁滨逊漂流记》

四、实现人与自然和谐发展

　　——温室效应和"哥本哈根会议"

结　语

信息化的世界和世界的信息化
——信息论
一、信息的功能与特点

　　——"情报拯救了以色列"

二、信息既源于物质但又不等于物质

　　——"焚书坑儒"罪莫大焉

三、信息与意识既有联系又有区别

　　——"蜻蜓低飞"是要告诉人们"天要下雨"的信息吗

四、信息与人的实践活动

　　——虚拟实践也是一种实践活动吗

一、矛盾规律是事物存在和发展的根本法则

　　——《周易》和阴阳两极对立统一说

二、矛盾的普遍性与特殊性是统一的

　　——具体地分析具体的矛盾

三、矛盾双方既统一又斗争

　　——杨献珍与"一分为二""合二而一"的争论

四、矛盾是事物变化发展的根本原因

　　——没有"好"矛盾与"坏"矛盾之分

五、善于集中力量解决主要矛盾

　　——人民军队克敌制胜的战略策略

六、矛盾的精髓

　　——公孙龙《白马论》的"离合"辩

结　语

要把握适度原则

　　——**质量互变规律**

一、既要认识事物的量与质，更要研究事物的度

　　——汽会变水、水又会变冰

二、认识质量互变规律，促进事物质的飞跃

　　——达尔文"进化论"、斯宾塞"庸俗进化论"与居维叶"突变论"

三、把握总的量变过程中的部分质变

　　——关于中国特色社会主义所处时代和历史方位的科学判断

四、要研究质量互变的特殊性

　　——事物质变的爆发式飞跃和非爆发式飞跃

认识世界的目的在于改造世界

——认识论篇

人的精神家园

——价值论篇

深刻洞悉价值世界的奥秘

——价值论总论

荡起幸福人生的双桨
——人生观篇

新大众哲学

后记

2010 年 7 月 4 日，中国社会科学院院长王伟光教授（时任常务副院长）主持召开了《新大众哲学》编写工作第一次会议，传达了中共中央宣传部关于编写《新大众哲学》课题立项的决定，正式启动了这一重大科研任务。在启动会议上，成立了依托中国辩证唯物主义研究会、以中国社会科学院与中共中央党校的专家学者为主的编写组，由王伟光教授任主编，李景源、庞元正、李晓兵、孙伟平、毛卫平、冯鹏志、郝永平、杨信礼、辛鸣、周业兵、王磊、陈界亭、曾祥富等为编写组成员。

从 2010 年 7 月初到 8 月底，编写组成员认真走访了资深专家学者。对京内专家，采取登门拜访的形式；对京外学者，则采取函询的方式。韩树英、邢贲思、杨春贵、汝信、赵凤岐、黄楠森、袁贵仁、陶德麟、侯树栋、许志功、陈先达、陈晏

222

清、张绪文、宋惠昌、沈冲、卢俊忠、卢国英、王丹一、赵光武、赵家祥等充分肯定了编写《新大众哲学》的重要意义，提出了有价值的建议（其中一部分书面建议已经安排在《马克思主义哲学论丛》上分期刊发了）。编写组专门召开会议，对各位专家提出的意见和建议进行了充分讨论，认真吸取各位专家的建言。

编写组认真提炼和归纳了马克思主义哲学关注并需要回答的 300 个当代重大理论与现实问题。从 2010 年 7 月 31 日到 11 月底，编写组对这些问题进行了反复研讨和精心梳理。经过充分讨论，编写组把《新大众哲学》归纳为总论、唯物论、辩证法、认识论、历史观、价值论和人生观七个分篇，拟定了研究写作提纲，制订了统一规范的写作体例。

《新大众哲学》编写组成员领到写作任务后，自主安排学习、研究与写作。全组隔周安排一次研讨会，对提交的文稿逐一进行研究讨论。在王伟光教授的带动下，这种日常性的集中讨论在三年多的时间里一直得到了严格坚持，从 2010 年 7 月启动到 2013 年 10 月已持续了 80 次，每次都形成了会议纪要。写出初稿后，还安排了 3 次集中讨论，每次集中 3 天时间。这些内容都体现在《新大众哲学》的副产品《梅花香自苦寒来——新大众哲学编写资料集》中。

主编王伟光教授在公务相当繁忙的情况下，一直亲自主持双周讨论会，即使国外出访或国内出差也想办法补上。他在白天事务缠身的情况下，经常在夜间加班，或从晚上工作到凌晨 2 点，或从清晨 4 点开始工作。他亲自针对问题拟定了写作提纲，审改了每份初稿，甚至对相当多的稿件重新写作，保证了书稿的质量与风格。可以说，在编写《新大众哲学》的过程中，他投入了最多的精力，奉献了最多的智慧。

经过三年多的努力，大部分稿件已基本成稿。为统一写作风格并达到目标要求，王伟光教授主持了五次集中修订书稿。每一次修改文稿，每稿至少改三遍，多则十遍。第一次带领孙伟平和辛鸣，于 2013 年 5 月对所有书稿进行统稿，相当多的书稿几乎改写或重写。在这个基础上，他于同年 7—10 月重新修订全部书稿，改写、重写了相当多的书稿，做了第二次集中修订。2013 年 11 月，王伟光教授将全部书稿打印成册，送请国内若干资深专家学者再次征求意见。韩树英、邢贲思、杨春贵、赵凤岐、陶德麟、侯树栋、许志功、陈先达、陈晏清、张绪文、宋惠昌、赵家祥、郭湛、丰子义等认真阅读了书稿，提出了中肯的修改意见。在这期间，王伟光教授对书稿进行了第三次集中审阅、改写和重写。2013 年 12 月上旬，其对书稿进行了第四次集中审阅和改写。2014 年 1 月 5 日，根据专家意见，编写组成员进行了一次，即第 81 次集中讨论。2014 年 1—3 月分别作了初步修改。在此基础上，王伟光教授于 2014 年 3—6 月进行了第五次集中修改定稿，对每部书稿做了多遍修改，甚至重写。孙伟平也同时阅改了全书，辛鸣、冯鹏志阅改了部分书稿。于 2014 年 6 月 8 日，书稿交由人民出版社和中国社会科学出版社出版。同年 7 月，王伟光教授和孙伟平同志根据编辑建议修订了全部书稿，8 月审改了书稿清样。

在《新大众哲学》即将面世之际，往事历历在目。在这四年左右的时间里，编写组成员牺牲了节假日和平常休息时间，花费了大量的精力和心血。出于对马克思主义哲学的忠诚、信念和追求，老中青学者达成了共识，并紧密凝聚在一起，不辞劳苦，甘于奉献。资深专家的精心指导和严格把关，是《新大众哲学》提升质量的重要条件。《新大众哲学》在写作过程中，参考了《大众哲学》《马克思主义哲学纲要》《通俗哲学》等著述。黑龙江佳木斯市市委书记王兆力、北京观音阁文物有限公司董事长魏金亭、大有数字资源公司董事长张长江、北京国开园中医药技术开发服务中心董事长高武等，提供了便利的会议场地和基本的物质条件，这是《新大众哲学》如期完成的可靠保障。人民出版社和中国社会科学出版社对此书出版高度重视，编辑人员展现了一流的编辑水平和敬业精神。我们一并表示诚挚的感谢！

一、繁荣发展的必经之路

二、自觉站在巨人肩上

三、深深扎根在中国大地

四、实现中国化的伟大飞跃

五、真正成为大众的思想武器

结　语

反对主观唯心主义

——唯物论篇

坚持唯物论，反对唯心论

——唯物论总论

一、全部哲学的最高问题

　　——关于思维与存在关系问题的大讨论

二、哲学上的基本派别

　　——南朝齐梁时期的一场形神关系论辩

三、坚持唯物论，反对唯心论

　　——失散多年的"孩子"终于找回来了

结　语

世界统一于物质

——物质论

一、世界是物质的

　　——物质消失了吗

二、物质是运动的

　　——坐地日行八万里，巡天遥看一千河

三、时空是物质运动的基本形式

　　——时空穿越可能吗

四、运动是有规律的

　　——诸葛亮为什么能借来东风

结　语

意识是存在的反映

　　——意识论

一、意识是物质世界长期发展的产物

　　——动物具有"高超智能"吗

二、意识是人脑的机能

　　——"人机大战"说明了什么

三、意识是客观存在在人脑中的反映

　　——意识的"加工厂"和"原材料"

四、意识是社会意识

　　——关于"狼孩"的故事

五、意识具有能动作用

　　——"大众哲人"艾思奇与《大众哲学》

六、坚持主流意识形态的引领作用

　　——福山的"意识形态终结论"

结　语

新事物终究战胜旧事物

　　——否定之否定规律

一、坚持辩证的否定观

　　——胚对胚乳的否定、麦株对麦种的否定

二、否定之否定规律是客观的、普遍的

　　——毛泽东妙论飞机起飞、飞行和降落

三、新生事物是不可战胜的

　　——纵观一个半世纪以来的世界历史进程

四、要研究否定之否定的特殊性和多样性

　　——防止千篇一律与"一刀切"

结　语

用系统的观点看世界

　　——系统论

一、用整体观认识问题

　　——整体不等于部分的总和

二、以结构观点观察系统

　　——结构决定功能

三、从层次性出发分析事物

　　——山外有山，天外有天

四、凭开放的眼光看世界

　　——开放导致有序，封闭导致无序

人类思想史上的新历史观
——历史观篇

人的精神家园
——价值论篇

216

荡起幸福人生的双桨
——人生观篇

什么是人生观
——人生观总论

一、人是什么

　　——法国"五月风暴"与萨特的存在主义

二、生从何来

　　——人是上帝创造的吗

三、死归何处

　　——"生的伟大，死的光荣"

四、应做何事

　　——钢铁是怎样炼成的

五、人生观是指导人生的开关

　　——从"斯芬克斯之谜"说起

结　语

人生的航标和灯塔
——马克思主义人生观

一、马克思主义人生观是科学的人生观

　　——雷锋精神对我们的启示